Sven Frank

Speedlearning für bessere Noten

Wie wir vom Hoffnungslerner
zum Speedlearner werden

Telemach-Verlag

Bibliografische Information der Deutschen Nationalbibliothek
Die Deutsche Nationalbibliothek verzeichnet diese Publikation in der Deutschen Nationalbibliografie; detaillierte bibliografische Daten sind im Internet über http://dnb.d-nb.de abrufbar.

1. Auflage
© 2022 Mentoren-Media-Verlag,
Königsberger Str. 16, 55218 Ingelheim am Rhein

Lektorat: Sarah Küper, Herten
Umschlaggestaltung: Nadine Nagel, Mainz
Satz und Layout: Sarah Küper, Herten
Druck und Bindung: MCP, Marki, Polen

ISBN: 978-3-98641-017-9

www.telemach-verlag.de

INHALTSVERZEICHNIS

EINLEITUNG

Wie überlebt man die Schule? Was? – fragst du dich jetzt vielleicht – man muss die Schule überleben? Naja, auf jeden Fall muss jede Schülerin und jeder Schüler es irgendwie schaffen, den angestrebten Schulabschluss zu erreichen. Gelingt das nicht, so könnte man doch sagen, dass sie oder er die Schule nicht überlebt hat, oder?

Also davon ausgehend noch einmal die Frage: Wie überlebt man die Schule – oder etwas konkreter formuliert: Wie überlebt man seine Schulzeit?

Zunächst einmal behauptet man sich in der Schule, indem man in den Klassenarbeiten und Tests ausreichend gute Noten schreibt, um in die nächste Klassenstufe versetzt zu werden. So wackelt man durch die Jahre der Schulzeit, um am Ende einen Schulabschluss zu bekommen. Das ist die Annahme der meisten Menschen.

Tatsächlich glaubt ein Großteil der Schüler, Eltern und Lehrer, dass man so die Schule übersteht. Aber es geht nicht einfach nur darum, Noten zu schreiben, die gut genug sind, um zuhause keinen Stress mit den Eltern zu bekommen, um ein Zeugnis zu haben, welches einem erlaubt, in die nächste Klassenstufe versetzt zu werden oder um am Ende den gewünschten Schulabschluss zu haben, um eine Ausbildung oder ein Studium beginnen zu können.

In der Tat gibt es viel mehr Situationen während eines Schullebens, in denen man vor Herausforderungen gestellt wird, die eigentlich gar nichts mit dem eigentlichen Lernen zu tun haben.

Zahlreiche Schüler müssen sich tagtäglich behaupten – gegenüber ihren Mitschülern und leider auch oft gegenüber Lehrern oder den eigenen Eltern (was aus meiner Sicht das Schlimmste ist). Viele Schüler haben in einzelnen Fächern so große Schwierigkeiten, dass es an ihrem Selbstvertrauen kratzt. Schlimmstenfalls haben sie sogar geradezu Angst vor eben diesen Fächern.

Hinzu kommt, dass unzählige Schüler Leidenschaften haben, die im Schulunterricht niemanden interessieren, sodass sie keine Chance haben, ihre wahren Stärken auszubilden. Dazu muss man jetzt auch noch die Corona-Pandemie überleben. Oh je, eigentlich wollte ich dieses Wort in diesem Buch gar nicht verwenden, weil ich gehofft habe, dass die Corona-Pandemie bis zum Erscheinen dieses Buches zu Ende ist. Aber wenn ich eines gelernt habe, dann die Tatsache, dass Hoffnung keine Lösung ist.

»Hoffnung ist aufgeschobene Enttäuschung«, hat einmal jemand zu mir gesagt. Und an diesem Satz ist viel Wahres dran. Nicht die Hoffnung bringt uns durch die Schule oder durch eine Krise, sondern eine Strategie. Strategien sind Handlungen, Maßnahmen und Tätigkeiten, die zu einem bestimmten Ergebnis führen. Wenn du beispielsweise gerne Fußball spielst, dann sind die Spielzüge solche Strategien. Wenn du zum Beispiel für ein Fach lernst, dann ist die Art, wie du dir den Lernstoff merkst, die Strategie.

Und wenn du in der Schule den gesamten Lernstoff mit einer guten Strategie aufbereitest, dann wirst du zumindest die Klassenarbeiten und die Tests mit guten bis sehr guten Ergebnissen meistern. Denn wenn du den Kopf frei hast, weil du dir um deine Noten keine Sorgen machen musst, deine Eltern zufrieden sind und dein Lehrer deine Leistungen zu schätzen weiß, dann kannst du dich mit den Dingen beschäftigen, die du sonst noch brauchst, um gesund und stark durch die Schule zu kommen.

Du kannst sowohl dein Selbstvertrauen verbessern als auch deine soziale Kompetenz, also die Art und Weise wie du Freunde gewinnst und mit Menschen umgehst, mit denen du dich nicht so gut verstehst. Du kannst deine privaten Interessen ausbauen, für die es bisher noch kein Unterrichtsfach gibt, und du kannst Kompetenzen entwickeln, also z.B. handwerklich geschickter werden, körperlich fitter, künstlerisch begabter oder im Umgang mit deinen Mitmenschen einfühlsamer. Das alles wird dir außerhalb der Schule und vor allem nach Beendigung deiner Schullaufbahn viele Vorteile im Leben verschaffen.

Und damit beginnt nun das Buch: »Speedlearning für bessere Noten«. Du sollst das, was du an Wissen in der Schule lernen musst, so schnell wie möglich und so zuverlässig wie nötig lernen können. Darum geht es in diesem Buch. Egal in welchem Fach, egal in welcher Klassenstufe. Unabhängig davon, ob du bislang dachtest, dass du besonders begabt in Mathematik, Fremdsprachen oder Sport bist oder ob diese Fächer für dich bislang immer sehr schwierig waren.

Dieses Buch hilft dir, von jedem Ort der Welt aus den Schulstoff zu meistern, egal ob du in der Schule sitzt oder zuhause im Homeschooling. Egal ob du am Strand liegst, weil du gerade im Urlaub bist und die Ferien nutzt, um etwas Neues zu lernen oder ob du im Krankenhaus bist, weil du dir bei einem allzu mutigen Versuch, mit einem Skateboard eine Rutsche herunterzufahren, das Schienbein gebrochen hast (so ging es mir etwa mit dreizehn Jahren und ich musste dann meine Latein-Hausaufgaben im Krankenhaus erledigen).

Speedlearning hat schon vielen Schülern geholfen, die Schule zu überstehen. Deshalb wünsche ich mir, dass auch du und deine Freunde mit diesem Buch schneller und besser lernen könnt. Such dir einfach das Kapitel raus, auf das du gerade Lust hast, probiere die Techniken aus und sollte irgendwas nicht funktionieren, dann schreibe mir gerne eine E-Mail und wir überlegen uns gemeinsam eine Lösung.

So, jetzt hast du vermutlich die längste Einleitung deines Lebens gelesen und zur Belohnung fangen wir jetzt mit den Techniken an.

Ich wünsche dir viele merk-würdige Momente!

Sven Frank
Selzen, an einem bewölkten Tag im Januar, der die Chance hat, der schönste Tag meines Lebens zu werden.

Ein abschließender Hinweis: Zur besseren Lesbarkeit habe ich auf eine gendergerechte Sprache in diesem Buch verzichtet.

KAPITEL I

EINFÜHRUNG IN DAS SPEED-LEARNING FÜR BESSERE NOTEN

Was ist das Wichtigste beim Lernen?

Das Wichtigste beim Lernen ist, dass du vermeidest, das Gelernte wieder zu vergessen. Denn tatsächlich bekommt dein Gehirn jeden Tag, in jeder Minute so viele Informationen, dass es eine sehr schlaue Strategie entwickelt hat, um die Informationen nach wichtig und unwichtig zu filtern. Nehmen wir zum Beispiel an, dass du zu Fuß zur Schule gehst.

Auf deinem Schulweg siehst du jede Menge Dinge, die dein Gehirn natürlich aufnimmt und nach wichtig und unwichtig sortiert. Da siehst du zum Beispiel verschiedene Autos, die Nummernschilder, die Farben, die Anzahl der Insassen und die Geschwindigkeit, mit der das Auto durch die Straße fährt. Allerdings wirst du die meisten dieser Autos, wenn du in der Schule angekommen bist, wieder vergessen haben.

Der Schulbus, der vorbeifährt und aus dem dir ein Freund zuwinkt, wird hingegen in deinem Gedächtnis hängenbleiben. Ebenso der Krankenwagen, der mit Blaulicht und Martinshorn an dir vorbeifährt oder das Auto deiner Mutter, welches dich auf dem Weg zur Schule überholt, wenn deine Mutter zur Arbeit oder zum Einkaufen fährt. Warum ist das so?

Damit sich dein Gehirn eine Information merkt, muss das Gehirn diese Information als wichtig beziehungsweise merk-würdig im Sinne von des Merkens würdig erkennen. Das passiert entweder, weil sich eine Information ständig wiederholt, also zum Beispiel der Schulbus, der jeden Tag zur gleichen Uhrzeit an derselben Stelle vorbeifährt, oder aber wenn die Situation bestimmte Gefühle bei dir auslöst, also eine emotionale Reaktion wie zum Beispiel Freude, weil im Schulbus jemand sitzt, den du kennst und gerne magst, oder Schreck, weil ein Auto gerade einen Fahrradfahrer angefahren hat. Diese Informationen bleiben in deinem Gedächtnis hängen.

Unser Gehirn ist darauf programmiert, sich Informationen zu merken, die wichtig für unser Leben sind. Also quasi überlebenswichtig. Früher war es notwendig, Situationen zu erkennen, die bedrohlich waren, weil uns zum Beispiel ein wildes Tier angreifen konnte, oder Situationen, in denen wir besonders reichhaltige Nahrungsquellen, wie beispielsweise Heidelbeersträucher oder andere essbare Pflanzen im Wald, gefunden haben. Diese Informationen haben uns emotional berührt, also uns fröhlich, ängstlich oder nervös gestimmt, und deswegen konnten wir uns das im Gehirn besser merken. Wir fassen also noch einmal zusammen:

> Damit sich unser Gehirn etwas merkt, muss die Information, also der Lernstoff oder das, was wir uns merken möchten, entweder Gefühle bei uns hervorrufen oder regelmäßig wiederholt werden.

Nun ist es leider so, dass der Unterricht in der Schule so aufbereitet ist, dass unser Gehirn zum Vergessen gezwungen wird. Unser Gehirn verfügt nämlich über so etwas wie Spam-Filter, vergleichbar mit einem Sicherheitssystem oder einer Eingangskontrolle, die nach bestimmten Zeiträumen entscheidet, ob eine Information wichtig oder unwichtig ist. Diese Überprüfung findet in unserem Gehirn zum Beispiel nach zwanzig Sekunden zum ersten Mal statt.

Das heißt, alle Informationen, die du auf deinem Schulweg aufnimmst, zum Beispiel das Wetter, die Fassaden der Häuser, die Beschaffenheit der Straße, der Zustand der Bäume, die Geschäfte und Personen, denen du begegnest, werden nach zwanzig Sekunden vergessen, sofern sie nicht noch einmal wiederholt in Erscheinung treten oder dich emotional berühren.

So eine emotionale Berührung findet zum Beispiel statt, weil eine neue Eisdiele auf deinem Schulweg eröffnet hat und du dir merken möchtest, dass du später dort vorbeigehen willst.

Die nächste Überprüfung von Informationen auf deren Wichtigkeit findet nach zwanzig Minuten statt. Kommst du also zum Beispiel in die Schule und dort erzählt dir ein Klassenkamerad, dass eine neue Eisdiele eröffnet hat, dann wird die Erinnerung an diese im Gehirn noch einmal aktiviert.

Nun kommt die nächste Überprüfung des Gehirns nach vier Stunden. Du bist also vielleicht auf dem Heimweg und läufst wieder an dieser Eisdiele vorbei und schwuppdiwupp wird die Informationen noch einmal verstärkt. In diesem Zusammenhang wird dein Gehirn die nächste Überprüfung nach einem Tag vornehmen. Am nächsten Tag gehst du also wieder in die Schule, kommst an diesem Eisladen vorbei und jetzt ist diese Eisdiele für dein Gehirn schon ziemlich wichtig geworden. Wie geht es weiter?

Nach einer Woche überprüft dein Gehirn die Information aufs Neue. Ist dieser Eisladen also nach einer Woche noch da, wird das Geschäft für dein Gehirn immer wichtiger und wenn du dann irgendwann auf die Idee kommst, ein Eis zu essen, wird deine Entscheidung wahrscheinlich genau auf diese Eisdiele fallen. Du wirst also diese anderen Eisläden vorziehen.

Nach einem Monat kommt es zur nächsten Kontrolle, dann nach sechs Monaten, nach einem Jahr und zum Schluss nach fünf Jahren. Wie du sicherlich merkst, hat dein Gehirn zum einen eine sehr schlaue Strategie entwickelt, um sich Informationen gut merken zu können, und zum anderen kannst du dieses Wissen nutzen, wenn du zum Beispiel möchtest, dass sich jemand aus deiner Familie oder aus deinem Freundeskreis an etwas besonders gut erinnert.

> Angenommen du möchtest, dass deine Familie irgendeinen bestimmten Ausflug unternimmt, dann solltest du nach zwanzig Sekunden, nach zwanzig Minuten, nach vier Stunden, nach einem Tag, nach einer Woche und nach einem Monat dieses Ausflugsziel immer wieder erwähnen, damit deine Familie diese Information als wichtig abspeichert.

Okay, doch was machen wir mit den Informationen wie Englischvokabeln, Matheformeln oder geschichtlichen Fakten, die dich emotional deutlich weniger berühren als eine Eisdiele?

In den nächsten Kapiteln wirst du für jedes Unterrichtsfach Techniken lernen, mit denen du auch schwierigen, langweiligen oder für dich nicht so interessanten Lernstoff spannend gestalten kannst, damit sich dein Gehirn das leichter merkt. Jetzt gibt es beim Lernen in der Schule nur ein klitzekleines Problem, welches dein Gehirn zwingt, den Lernstoff immer wieder zu vergessen. Das ist dein Stundenplan!

Nehmen wir einmal an, dass du in der ersten Stunde Unterricht in Erdkunde hast und in der zweiten Stunde Mathematik. Dann in der dritten Stunde Englisch und in der vierten Stunde

Deutsch. Zum Schluss gibt es in der fünften und sechsten Stunde noch Sportunterricht. Was passiert nun?

Stellen wir uns mal vor, dass du in der ersten Stunde im Erdkundeunterricht lernst, welche Staaten es in Afrika gibt und wo sie genau liegen. Der Lehrer wiederholt diesen Lernstoff im Laufe der Stunde immer wieder und die ersten beiden Vergessens-Zeiträume von 20 Sekunden und 20 Minuten werden somit übersprungen.

Das heißt, du hast eine gute Chance, dir diesen Lernstoff zu merken, aber nach 45 Minuten beginnt der Mathematikunterricht und dort lernst du etwas über Geometrie. Plötzlich merkt dein Gehirn, dass die Themen, die du vorher im Erdkundeunterricht durchgenommen hast, überhaupt keine Rolle mehr spielen.

Also betrachtet es den Lernstoff als nicht so wichtig und fängt an, das Ganze wieder zu vergessen. Dafür ist Mathematik jetzt ganz groß im Rennen. Allerdings nur bis zur dritten Stunde, denn dann hast du plötzlich Englischunterricht und da geht es möglicherweise um verschiedene Regionen, in denen Englisch gesprochen wird und die jeweiligen Dialekte. American English, British English, usw.

Dies ist zwar sehr spannend, allerdings vergisst dein Gehirn in der Zwischenzeit bereits wieder das, was du in Mathe gelernt hast und Erdkunde ist noch ein Stückchen weiter nach hinten gerutscht. Es folgt in der vierten Stunde Deutsch – wunderbar! Ihr sprecht über verschiedene Arten von Erzählungen oder ähnliches. Vielleicht sprecht ihr sogar über Kurzgeschichten, Reiseberichte oder Heldensagen – alles ganz spannende Themen.

Das Dumme ist nur, dass jetzt der Lernstoff aus dem Englischunterricht langsam, aber sicher vergessen wird. Mathe rutscht weiter nach hinten und Erdkunde ist zu diesem Zeitpunkt kaum noch abrufbar. Anschließend hast du zwei Stunden Sport und während des Sportunterrichts wird das, was du im Deutschunterricht hattest, noch einmal auf magische Weise in deinem Gehirn gefestigt, denn beim Sport musst du dich nicht so konzentrieren.

Dein Körper ist in Bewegung, dein Gehirn wird gut durchblutet und so wird Lernstoff automatisch wiederholt und prägt sich so besser ein. Prima!

Du kommst also nach Hause, bist ganz erschöpft vom Sport – froh, dass die Schule zu Ende ist und denkst jetzt gerade an die schönen Sachen, die du am Nachmittag noch erledigen möchtest. Währenddessen fragt dich deine Mutter, wie es in der Schule war und was ihr in der Schule gemacht habt. Du sagst ihr, dass du es nicht weißt. Und das stimmt sogar! Du weißt es tatsächlich nicht. Vielleicht weißt du noch, was ihr im Deutschunterricht und im Sport gemacht habt, aber die Wahrscheinlichkeit, dass du den Matheunterricht, den Englischunterricht und den Erdkundeunterricht vergessen hast, ist ziemlich groß.

Der Grund dafür besteht darin, dass jedes Fach den Stoff des anderen Fachs sozusagen in deinem Gehirn überschrieben hat. Erst, wenn du zuhause deine Unterlagen wieder herausholst und den Stoff noch einmal wiederholst, aktivierst du die Erinnerungen wieder.

Es wäre also besser, wenn du in der ersten Stunde Erdkunde hättest und dort etwas über die verschiedenen Länder Afrikas lernst. In der zweiten Stunde in Mathematik wird euch Geometrie anhand der Landesgrenzen der afrikanischen Staaten beigebracht, denn man kann wunderbar geometrische Flächen ausrechnen und bestimmen, indem man sich die Karte Afrikas hernimmt.

In der darauffolgenden Stunde, im Englischunterricht, wird darüber gesprochen, in welchen Ländern Afrikas Englisch gesprochen wird und vielleicht gibt es sogar Hörproben oder Berichte auf Englisch über die Besonderheiten der verschiedenen Länder.

Später dann im Deutschunterricht könnte man das Ganze noch auf Deutsch wiederholen oder sogar Reiseberichte und Heldenerzählungen aus den jeweiligen afrikanischen Staaten behandeln. Vielleicht ergänzend dazu auch aus denen, in denen kein Englisch gesprochen wird, damit das Bild komplett wird. Und am Ende des Tages im Sportunterricht wird das Ganze noch gefestigt, indem du bewusst oder unbewusst das Gesamtbild des Lernens noch einmal durch die verbesserte Durchblutung deines Gehirns im Gedächtnis abspeichern kannst.

Dann kommst du nach Hause und wenn deine Mutter dich fragt, was du in der Schule gelernt hast, dann antwortest du: »Heute haben wir sehr viel über die Staaten Afrikas gelernt – was möchtest du genau wissen? Soll ich bei den ägyptischen Pharaonen anfangen und beim Zulukrieg aufhören oder gibt es ein afrikanisches Land, das dich ganz besonders interessiert?«

Zudem wäre es ideal, wenn du an den darauffolgenden vier Tagen in der Schule genau an demselben Thema weiterarbeitest, beispielsweise anhand von Geschichtsunterricht, Kunst und Musik. Alles sollte sich um das Thema der Woche (in unserem Beispiel die Staaten Afrikas) drehen. Jedes Unterrichtsfach wäre dann darauf zugeschnitten.

In der darauffolgenden Woche würden deine Lehrer dann einen anderen Schwerpunkt behandeln, vielleicht das Thema Garten- und Landschaftsbau. Auch dazu werden alle Unterrichtsfächer an diesem Thema ausgerichtet. Tja – und in der dritten Woche wiederholst du noch einmal die Staaten Afrikas eine Woche lang und Garten- und Landschaftsbau kommt dann ein weiteres Mal in Woche vier an die Reihe.

Glaub mir, wenn der Unterricht in der Schule so aufgebaut wäre, dann würdest du viel schneller, viel effektiver und viel umfangreicher und auch fächerübergreifend lernen.

Doch bis alle Schulämter in Deutschland dieses Buch gelesen haben und den Unterricht entsprechend umstellen, gebe ich dir in den nachfolgenden Kapiteln ganz konkrete Tipps, was du machen kannst, um dir den Lernstoff im Gedächtnis abzuspeichern, auch wenn der Schulunterricht noch nicht optimal auf dein Gehirn und das Lernen abgestimmt ist.

KAPITEL 2

WARUM MATHEMATIK TOTAL BERECHENBAR IST

Mathematik gehört zu den Fächern, in denen du das, was du in der ersten Klasse gelernt hast, bis zum Abschluss deiner Schullaufbahn brauchst. In den meisten Fächern hast du mit Beginn eines neuen Schuljahres wieder so etwas wie einen Neustart.

Wenn du zum Beispiel im Geschichtsunterricht in einer Klassenstufe den Unterrichtsstoff über das Römische Reich durchgenommen hast, dann brauchst du dieses Wissen nicht unbedingt, um in der nächsten Klassenstufe gute Noten zum Thema Französische Revolution zu schreiben. In Mathematik hingegen musst du die Grundrechenarten beherrschen, um später beispielsweise Bruchrechnen zu können.

Das heißt, dass alle Inhalte und Unterrichtsthemen früherer Klassen Voraussetzung für das Verstehen und Meistern der Inhalte der nächsten Klassenstufe sind. Aus diesem Grund gehört Mathematik zu den Fächern, in denen es vielen Schülern schwerfällt, den Unterricht zu verstehen, wenn sie in einer früheren Klassenstufe die Grundlagen nicht verstanden haben oder aufgrund von Fehlzeiten, verursacht durch Krankheit oder andere Gründe, Teile des Unterrichts verpasst haben.

Doch es gibt noch einen Grund, weshalb dir das Fach besonders viel Spaß machen sollte. Mathematik gehört nämlich mit zu dem wichtigsten Wissen unserer Allgemeinbildung, welches wir für unseren Alltag brauchen. Unser Leben wird dank Mathematik berechenbar und gibt unserem Leben eine Ordnung.

Der Tag ist in Stunden, Minuten und Sekunden aufgeteilt. Die Woche in Tage, das Jahr in Wochen und Monate. Auch das ist Mathematik. Das Haus, in dem du wohnst, ist nach mathematischen Grundsätzen gebaut worden. Man hat sich überlegt, wie groß die Fläche der Zimmer sein sollen, wie hoch die Zimmerdecke. Man hat berechnet, wie man zum Hausbau möglichst viel Raum auf dem Grundstück nutzen kann. Es wurde ausgerechnet, wie viel Baumaterial gebraucht wurde und an welcher Stelle die Fenster sein müssen, damit möglichst viel Licht und Wärme in das Haus kommt, es aber gleichzeitig im Sommer nicht zu heiß im Gebäude wird.

Mathematik findet aber auch statt, wenn du ausrechnest, wann du morgens aufstehen musst, um zur Schule zu gehen. Wie lange du brauchst, um dich im Bad fertig zu machen, wie viel Zeit du für dein Frühstück hast und wie lange dein Schulweg sein wird.

Mathematik findet überall in deinem Leben statt und bildet sozusagen die Grundlage unseres Lebens.

Wer als Schüler nicht richtig rechnen lernt oder keinen Spaß an diesem Fach hat, der wird mit großer Wahrscheinlichkeit als Erwachsener weniger Geld haben als jemand, der sich gut damit auskennt.

Hier sind drei Beispiele, die dir beweisen sollen, wie sich Mathematikkenntnisse bei Erwachsenen auf deren Reichtum auswirken:

1.) Der Einkauf

Katharina geht einkaufen. Vor dem Einkauf hat Katharina ausgerechnet, wie viel Geld sie brauchen wird, um alles zu kaufen, was auf ihrer Einkaufsliste steht. Ist der Betrag höher als das, was sie sich leisten kann, streicht sie ein paar Dinge von ihrer Liste, die sie aktuell nicht unbedingt braucht, oder überlegt, ob sie diese Dinge irgendwo günstiger bekommen kann als dort, wo sie den Rest kauft.

So holt sie vielleicht das Obst und Gemüse im Bioladen, die Nudeln und den Reis aber im Discounter. Katharina rechnet während des Einkaufs im Kopf aus, was das, was sie in den Einkaufswagen gelegt hat, ungefähr kostet. Liegt der Preis für Bananen zum Beispiel bei 2,48 €, dann rechnet sie mit 3,00 €. Liegt der Preis für die Äpfel bei 4,05 €, dann rechnet sie mit 4,00 €. Folglich weiß sie, dass sie derzeit Waren im Wert von ca. 7,00 € im Einkaufswagen liegen hat und behält so den Überblick, ob das Bargeld, das sie im Geldbeutel hat, für den Einkauf reicht.

Sandra geht auch einkaufen. Allerdings war sie nie gut in Mathe und ihr hat Rechnen auch nie Spaß gemacht. Es ist ihr zu stressig, beim Einkaufen im Kopf zu überschlagen, was die Einkäufe kosten. Sie will auch nicht in verschiedene Geschäfte gehen, sondern kauft alles in ihrem Lieblingssupermarkt. Sandra packt alles in den Wagen, was auf ihrer Liste steht und noch ein paar weitere Sachen, die ihr so während des Einkaufs auffallen und auf die sie Lust hat. An der Kasse zahlt sie mit ihrer EC-Karte oder mit ihrer Kreditkarte.

Sandra wird vermutlich viel mehr Geld ausgeben als Katharina. Untersuchungen haben gezeigt, dass Menschen, die so einkaufen gehen wie Katharina, 100,00 € ausgeben, während Menschen wie Sandra 150,00 € bezahlen. Die Differenz beträgt 50,00 € und das ist viel Geld.

Sandra wird oft mehr kaufen als sie braucht und mehr Geld ausgeben als sie sich leisten kann. Sie wird im Supermarkt wahrscheinlich sehr impulsiv einkaufen. Das bedeutet, dass sie sich von Sonderangeboten und gut gemachter Werbung beeinflussen lässt. Außerdem wird sie, wenn sie hungrig einkaufen geht, deutlich mehr Lebensmittel kaufen, als sie vielleicht tatsächlich braucht oder als sie sich auch leisten könnte. Gleichzeitig wird Sandra das Gefühl haben, dass es ja jetzt auf das ein oder andere Teil nicht mehr ankommt, weil sie kein Gefühl für das Geld hat, welches sie ausgeben muss, um die Lebensmittel, die sie gerade kauft, zu bezahlen.

Menschen wie Sandra handeln in Bezug auf Geld sowie auf Einkäufe, nicht nur bei Lebensmittel, sondern dann auch bei Kleidung oder Accessoires, aus dem Gefühl heraus, selbst wenn das Konto bereits überzogen ist und sie hohe Zinsen für einen sogenannten Dispo bezahlen müssen. So nennt man das Geld, was die Bank einem gibt, wenn man eigentlich gar kein Geld mehr hat, bevor man einen Kredit aufnehmen muss.

Am Ende wird Sandra mit großer Wahrscheinlichkeit über viele Monate so viel Geld ausgeben und über kurz oder lang verschuldet sein, weil sie nie gelernt hat, die Gesetze der Mathematik im Alltag anzuwenden und ihr Leben berechenbar zu machen. Vermutlich wird sie niemals ihre Schulden loswerden und somit auch keine Möglichkeit haben, wirklich reich zu werden.

2.) Der Autokauf

Manfred möchte sich ein neues Auto kaufen. Er geht ins Autohaus und hat im Vorfeld ausgerechnet, wie viel Geld er jeden Monat zur Verfügung hat, um ein Auto zu finanzieren. Der Verkäufer überzeugt ihn, dass er, wenn er noch 30 € mehr jeden Monat ausgibt, deutlich mehr Komfort in seinem neuen Auto haben wird. Manfred ist überzeugt und denkt sich, dass diese 30 € mehr schon irgendwo herkommen werden. Er unterschreibt den Vertrag und kauft das Auto.

Nach ungefähr einem Jahr stellt Manfred fest, dass er zum einen Schwierigkeiten hat, die monatlichen Raten zu bezahlen und zum anderen, dass das Auto deutlich mehr Benzinkosten produziert, weil die Benzinpreise inzwischen gestiegen sind. Hinzu kommt, dass sein Arbeitgeber Probleme hat und er deswegen Kurzarbeit anmelden muss und somit nicht mehr das volle Gehalt bekommt. Außerdem ist seine Frau schwanger geworden und das Gehalt, was durch sie bislang in die Familie gekommen ist, entfällt somit.

Wenn Manfred die Raten für sein Auto gar nicht mehr bezahlen kann, dann wird er den Vertrag von seiner Bank, über die das Fahrzeug finanziert wurde, gekündigt bekommen und am Ende ohne Auto, aber dafür mit einer Menge Schulden dastehen.

Andreas möchte ebenfalls ein Auto kaufen. Er hat in den letzten Monaten Geld auf die Seite gelegt und hat sich ausgerechnet, wie viel ein Auto kosten darf, damit er es in bar bezahlen kann. Er geht zum Autohändler und verhandelt.

Der Autohändler versucht, Andreas ein Auto zu verkaufen, welches teurer ist als der Betrag, den Andreas sich vorgenommen hat. Dieser legt selbstbewusst das Geld auf den Tisch und sagt dem Verkäufer, dass er bereit ist, diesen Betrag für das vorgestellte Auto zu bezahlen und das Auto auch gerne für diesen Preis kaufen möchte, allerdings ebenfalls bereit ist, bei einem anderen Autohändler ein Alternativangebot einzuholen, falls dieser sich nicht auf den Deal einlässt. Am Ende willigt der Autoverkäufer ein, dass Andreas das vorgestellte Auto zu dem festgelegten Preis bekommt. Andreas hat somit ein Fahrzeug, was bereits abgezahlt ist und für ihn, außer den laufenden Kosten (so nennt man zum Beispiel die Versicherung und die Steuer, die man für das Auto bezahlen muss, aber auch Inspektionen, Reparaturen, Reifenwechsel und Rechnungen für Pannen oder Auto) keine weiteren Ausgaben anfallen. Wenn die Spritpreise nun teurer werden, wird Andreas mit dem Auto vermutlich weniger oder spritsparender fahren.

Wenn die Versicherung teurer wird, wird er sich nach einer günstigeren Versicherung umschauen. Wenn das Auto irgendwann so teure Reparaturen braucht, die nicht mehr bezahlt werden können, wird er das Auto verkaufen und aufgrund der Rücklagen, die er seit dem Autokauf für das nächste Auto schon getätigt hat, ein neues Auto anschaffen können.

3.) Der Urlaub

Familie Deutschländer plant ihren Sommerurlaub. Sie geht in ein Reisebüro und erkundigt sich nach dem Preis. Die Familie hat im Vorfeld bereits ausgerechnet, wie viel Geld sie gespart hat, um einen schönen 14-tägigen Urlaub in ihrem Lieblingsland zu verleben. Sie bucht die Reise und wenn sie im Urlaub zusätzlich Essen geht, wird im Restaurant mit Kreditkarte bezahlt.

Die Familienmitglieder kaufen zahlreiche Souvenirs, sodass letztendlich der Koffer beim Rückflug zu schwer ist und sie noch Übergepäck bezahlen müssen. Außerdem werden kurzfristig noch verschiedene Ausflüge dazu gebucht, die im Hotel angeboten werden und die Familie legt sich einen kleinen Mietwagen zu, um im Urlaub mobiler zu sein als ursprünglich geplant.

Nach ihrer Rückkehr aus dem Urlaub ist die Erholung ziemlich schnell verflogen, als die Familie Deutschländer die Kreditkartenabrechnung bekommt und feststellt, dass hier nochmal ungefähr genauso viel Geld ausgegeben wurde, wie für den eigentlichen Urlaub. Mit dieser unplanmäßigen Ausgabe hat sie nicht gerechnet.

Familie Schweizer bucht ebenfalls im Reisebüro einen Urlaub in ihrem Lieblingsland. Gleichzeitig nimmt sie einen festgelegten Geldbetrag mit, den sie sich als Budget (so nennt man die Menge an Geld, die man für eine bestimmte Anschaffung oder eine bestimmte Aktivität ausgeben möchte)setzt, mit dem sowohl zusätzliche Kosten für Restaurantbesuche, Ausflüge, Souvenirs und sonstige Zusatzaktivitäten, wie Kosmetikbehandlungen, Massage oder Hobbyreiten, abdeckt sind.

Die Familie nimmt diesen Betrag deswegen in bar mit, damit sie jeden Tag sieht, wie viel Geld sie noch zur Verfügung hat und ob sich die Familienmitglieder eine bestimmte Aktivität im Urlaub noch leisten können oder ob sie darauf verzichten müssen.

Nach der Rückkehr aus ihrem Urlaub bleiben sie noch sehr lange erholt und denken an die schöne Zeit zurück, da die Familie finanziell alles sehr gut organisiert hat und somit im Alltag so weiterleben kann wie vorher auch.

Grundsätzlich muss an dieser Stelle gesagt werden, dass das Bargeld in den nächsten Jahren vermutlich in immer mehr Ländern abgeschafft wird. Dies ändert jedoch nichts an der Tatsache, dass man bei Einkäufen, bei größeren Anschaffungen und bei Urlaubsplanungen genau wissen sollte, wie viel Geld man zur Verfügung hat und zwar unabhängig davon, ob man mit Bargeld bezahlt oder mit einer Bankkarte.

Wenn du ein eigenes Konto hast, dann sorge immer dafür, dass deine Bank dir keinen Dispokredit einräumt, denn wenn du kein Geld hast, dann kannst du auch keins ausgeben. Versuche im Idealfall, ohne Schulden durch dein Leben zu kommen.

Vielleicht hast du jetzt verstanden, warum Mathematik ein so wichtiges Schulfach ist. Man hat deswegen beschlossen, Mathematik an den Schulen zu unterrichten, um dich genau vor solchen Situationen, wie sie Sandra, Manfred oder Familie Deutschländer passiert sind, zu beschützen.

Aber auch in anderen Situationen kann ein fehlendes Verständnis für Mathematik zu Nachteilen führen. Stell dir vor, dass du nach deiner Schule eine Ausbildung in einem Handwerksbetrieb machst. Nehmen wir an, du arbeitest bei einer Gartenlandschaftsbaufirma und sollst nun einen Zaun setzen. Dieser Zaun geht nun von einer Hauswand bis zu einem Baum und von diesem Baum bis zu der Grenze des Grundstückes. Die Entfernung von der Hauswand bis zu einer Seite des Baums beträgt 1,73 Meter und die Entfernung von der anderen Seite des Baumes bis zum Ende des Grundstücks beträgt 2,28 Meter.

Jetzt sollst du ausrechnen, wie groß das Stück Zaun insgesamt sein soll, das gebraucht wird, um von der Hauswand bis zur Grundstücksgrenze und der Aussparung des Baumes einen Zaun zu setzen. In der Schule lernst du, je nachdem in welchem Bundesland du zur Schule gehst, ab der 7. Klasse mit dem Taschenrechner zu rechnen. Im Alltag musst du aber immer wieder im Kopf Dinge ausrechnen können.

Bei dem eben genannten Beispiel wirst du wahrscheinlich im Kopf ausrechnen, wie lang der Zaun sein muss. Wenn du dich verrechnest, dann kostet das Material, Zeit und dir vielleicht, wenn das öfter passiert, deinen Job.

Oder nehmen wir einmal an, du möchtest nach der Schule studieren und verdienst dir nebenbei dein Studium, indem du als Kellner oder Kellnerin arbeitest. Auch hier wirst du immer mal wieder in die Situation kommen, dass du im Kopf ausrechnen musst, was die

Getränke gekostet haben. Vielleicht weil du an einem Getränke-stand arbeitest und es keine digitale Kasse gibt oder diese einfach an dem Tag ausgefallen ist. Es gibt unzählige Gründe, warum man im Kopf Dinge ausrechnen soll. Auch hier kann es passieren, dass du dich verrechnest.

Wenn du dich zu Ungunsten des Kunden verrechnest, wird er dich vermutlich darauf hinweisen, weil es sein Geld ist, das er dann unnötig ausgibt. Wenn du dich aber zu Ungunsten von dir ver-rechnest, könnte es sein, dass der Gast dich nicht auf den Fehler hinweist und du dann ebenfalls wieder Gefahr läufst, langfristig deinen Job zu verlieren.

Und noch ein letztes Beispiel: Stell dir vor, du beschließt während der Schulzeit oder danach deine eigene Firma zu gründen. Dann musst du in der Lage sein, auszurechnen, wie viel Geld du brauchst, um das, was du als Geschäftsidee hast, umsetzen zu können. Dabei geht es um ganz viele komplexe Dinge, die berücksichtigt werden müssen. Also fasse ich noch einmal an dieser Stelle zusammen:

> Mathematik ist vielleicht das wichtigste Fach in der ganzen Schule, denn alles im Leben ist auf Mathematik aufgebaut. Mathematik macht dein Leben berechenbar und wenn du die Zahlen im Griff hast, dann hast du die Kontrolle über dein Leben und über deinen Beruf. Aus diesem Grund ist es wichtig, sich für Mathematik zu interessieren und zu be-geistern.

Im Idealfall sollten es deine Eltern oder deine Freunde schaffen, in dir die Liebe zur Mathematik zu wecken. Ebenfalls sollte dich dein Lehrer dafür begeistern können und dir die Wichtigkeit dieses Faches klar machen, indem er es vorlebt und dir anhand von prak-tischen Beispielen zeigt, wo Mathematik dein Leben zum Guten oder zum Schlechten beeinflussen kann. Falls jene Personen dies nicht schaffen, dann suche dir jemanden, der dir hilft in Mathe ein richtiges Genie zu werden.

Nun gelingt es aber den wenigsten Mathematiklehrern, diese Begeisterung für Mathematik in den Kindern zu wecken.. Vielleicht, weil ihnen nicht immer bewusst ist, wie lebendig Mathematik sein kann, wenn man sie richtig unterrichtet.

Hast du dir zum Beispiel schon einmal überlegt, warum wir mit dem Dezimalsystem rechnen, also aus welchem Grund wir als Kinder bis zehn zählen lernen und wir dann quasi immer zehn Zahlen bis zur nächsten vollendeten Zehnerziffer haben? Das liegt einfach daran, dass wir zehn Finger haben und die Menschen schon seit jeher ihre Finger benutzt haben, um zu rechnen.

Natürlich können wir in diesem Buch nicht den Lernstoff der ersten Klasse bis zum Abitur in Mathematik abbilden. Ich möchte dir jedoch ein paar Beispiele geben, wie viel Spaß Mathematik machen kann und wie leicht du die Begeisterung und die Liebe zur Mathematik finden kannst.

Halte jetzt einmal deine Hände vor dich, sodass du deine Handflächen sehen kannst und nun zähle mal von links nach rechts drei Finger ab. Also eins (Daumen der linken Hand), zwei (Zeigefinger der linken Hand), drei (Mittelfinger der linken Hand) und jetzt klappe bitte den Mittelfinger der linken Hand um. Jetzt hast du zwei Finger links neben dem umgeklappten Finger und sieben rechts davon.

Schreibe nun eine 2 stellvertretend für diese zwei Finger auf ein Blatt und eine 7 für die sieben Finger rechts vom abgeklappten Finger. Jetzt steht die Zahl 27 auf deinem Blatt. Das entspricht 3 x 9. Du kannst also das neuner Einmaleins mit deinen Fingern ausrechnen.

Probiere es nochmal für die Rechnung 5 x 9 aus: Zähle deine Finger von links nach rechts und klappe den fünften Finger um: Daumen, Zeigefinger, Mittelfinger, Ringfinger und der kleine Finger ist demnach der fünfte, also klappe ihn um und du erhältst 4 Finger links davon und 5 rechts – also 45. Das entspricht dem Ergebnis von 5 x 9.

Wende diese Technik bei allen Zahlen von 1 – 10 an und suche dir danach fünf Freunde, denen du diese Rechentechnik erklären kannst. Am besten jeden Tag einem, sodass du diese Übung täglich noch einmal wiederholst, indem du sie einem anderen Schüler erklärst. Das macht dich froh und stolz, weil du jemand anderem etwas erklären kannst und gleichzeitig wiederholst du auf diese Art und Weise diese Technik automatisch mehrfach und merkst sie dir dementsprechend noch besser.

Zudem besteht die beste Möglichkeit, etwas zu lernen, darin, indem du das, was du lernen möchtest, jemand anderem erklärst. Wenn du einer anderen Person etwas so erklären kannst, dass es diese Person auch versteht, dann hast du den Lernstoff selbst auch richtig verstanden.

Möchtest du noch mehr Tipps und Tricks für den Matheunterricht? Dann kommen wir nun zu einer Technik, mit der du das kleine Einmaleins leichter rechnen kannst. In der Schule verlangt man oft, dass es einfach nur auswendig gelernt wird. Dabei gibt es einen ganz einfachen Weg, die Aufgaben auszurechen.

Wenn du zum Beispiel eine Zahl mal eins multiplizieren möchtest, dann ist das leicht, weil das Ergebnis genau der Zahl entspricht, die du mit eins multiplizierst.

Hier die Beispiele:

1 x **1** = **1**	1 x 6 = **6**
1 x **2** = **2**	1 x 7 = **7**
1 x **3** = **3**	1 x 8 = **8**
1 x **4** = **4**	1 x 9 = **9**
1 x **5** = **5**	1 x 10 = **10**

Die Multiplikation einer Zahl mit 10 ist genauso leicht, denn das Ergebnis dieser Rechnung entspricht genau der gleichen Zahl, die du mit zehn multipliziert hast plus einer Null am Ende.

Hier die Beispiele:

10 x **1** = **10**	10 x 6 = **60**
10 x **2** = **20**	10 x 7 = **70**
10 x **3** = **30**	10 x 8 = **80**
10 x **4** = **40**	10 x 9 = **90**
10 x **5** = **50**	10 x 10 = **100**

Da du jetzt weißt, wie man mit 10 multipliziert, kannst du Zahlen auch leichter mit 5 multiplizieren, indem du diese zunächst mal 10 rechnest, also einfach eine 0 anhängst und sie dann einfach nur halbierst.

Hier die Beispiele:

5 x 1 = 10 x 1 = 10 davon die Hälfte ist **5**

5 x 2 = 10 x 2 = 20 davon die Hälfte ist **10**

5 x 3 = 10 x 3 = 30 davon die Hälfte ist **15**

5 x 4 = 10 x 4 = 40 davon die Hälfte ist **20**

5 x 5 = 10 x 5 = 50 davon die Hälfte ist **25**

5 x 6 = 10 x 6 = 60 davon die Hälfte ist **30**

5 x 7 = 10 x 7 = 70 davon die Hälfte ist **35**

5 x 8 = 10 x 8 = 80 davon die Hälfte ist **40**

5 x 9 = 10 x 9 = 90 davon die Hälfte ist **45**

5 x 10 = 10 x 10 = 100 davon die Hälfte ist **50**

Okay, jetzt hast du schon souverän (also ganz leicht und ohne Probleme) Zahlen halbiert. Genauso leicht ist es, sie zu verdoppeln. Wenn du eine Zahl duplizierst, dann ist es so, als würdest du sie mit 2 multiplizieren.

Hier die Beispiele:

$2 \times 1 = 1$ verdoppelt, also **2**

$2 \times 2 = 2$ verdoppelt, also **4**

$2 \times 3 = 3$ verdoppelt, also **6**

$2 \times 4 = 4$ verdoppelt, also **8**

$2 \times 5 = 5$ verdoppelt, also **10**

$2 \times 6 = 6$ verdoppelt, also **12**

$2 \times 7 = 7$ verdoppelt, also **14**

$2 \times 8 = 8$ verdoppelt, also **16**

$2 \times 9 = 9$ verdoppelt, also **18**

$2 \times 10 = 10$ verdoppelt, also **20**

Alles klar soweit? Dann schauen wir uns die Multiplikation mit 4 und mit 8 an. Das geht nämlich auch ganz schnell. Eine Zahl mit 4 zu multiplizieren bedeutet, sie zweimal zu verdoppeln.

Hier die Beispiele:

4 x 1 = 1   verdoppelt ergibt 2,
              erneut verdoppelt ergibt **4**

4 x 2 = 2   verdoppelt ergibt 4,
              erneut verdoppelt ergibt **8**

4 x 3 = 3   verdoppelt ergibt 6,
              erneut verdoppelt ergibt **12**

4 x 4 = 4   verdoppelt ergibt 8,
              erneut verdoppelt ergibt **16**

4 x 5 = 5   verdoppelt ergibt 10,
              erneut verdoppelt ergibt **20**

4 x 6 = 6   verdoppelt ergibt 12,
              erneut verdoppelt ergibt **24**

4 x 7 = 7   verdoppelt ergibt 14,
              erneut verdoppelt ergibt **28**

4 x 8 = 8   verdoppelt ergibt 16,
              erneut verdoppelt ergibt **32**

4 x 9 = 9   verdoppelt ergibt 18,
              erneut verdoppelt ergibt **36**

4 x 10 = 10 verdoppelt ergibt 20,
              erneut verdoppelt ergibt **40**

Möchtest du eine Zahl mit 8 multiplizieren, verdoppelst du sie einfach dreimal.

Hier wieder die Beispiele dazu:

8 x 1 = 1   verdoppelt ist 2,
            erneut verdoppelt macht 4,
            erneut verdoppelt gleich **8**

8 x 2 = 2   verdoppelt ist 4,
            erneut verdoppelt macht 8,
            erneut verdoppelt gleich **16**

8 x 3 = 3   verdoppelt ist 6,
            erneut verdoppelt macht 12,
            erneut verdoppelt gleich **24**

8 x 4 = 4   verdoppelt ist 8,
            erneut verdoppelt macht 16,
            erneut verdoppelt gleich **32**

8 x 5 = 5   verdoppelt ist 10,
            erneut verdoppelt macht 20,
            erneut verdoppelt gleich **40**

8 x 6 = 6   verdoppelt ist 12,
            erneut verdoppelt macht 24,
            erneut verdoppelt gleich **48**

8 x 7 = 7   verdoppelt ist 14,
            erneut verdoppelt macht 28,
            erneut verdoppelt gleich **56**

8 x 8 = 8   verdoppelt ist 16,
erneut verdoppelt macht 32,
erneut verdoppelt ergibt **64**

8 x 9 = 9   verdoppelt ist 18,
erneut verdoppelt macht 36,
erneut verdoppelt ergibt **72**

8 x 10 = 10 verdoppelt ist 20,
erneut verdoppelt macht 40,
erneut verdoppelt ergibt **80**

So weit, so gut. Wenn du eine Zahl nun mit 3 multiplizieren möchtest, dann verdoppelst du sie einfach und addierst ihren Wert noch einmal dazu.

Hier die Beispiele:

3 x 1 = 1   verdoppelt, also 2 plus 1   ergibt **3**

3 x 2 = 2   verdoppelt, also 4 plus 2   ergibt **6**

3 x 3 = 3   verdoppelt, also 6 plus 3   ergibt **9**

3 x 4 = 4   verdoppelt, also 8 plus 4   ergibt **12**

3 x 5 = 5   verdoppelt, also 10 plus 5   ergibt **15**

3 x 6 = 6   verdoppelt, also 12 plus 6   ergibt **18**

3 x 7 = 7   verdoppelt, also 14 plus 7   ergibt **21**

3 x 8 = 8   verdoppelt, also 16 plus 8   ergibt **24**

3 x 9 = 9   verdoppelt, also 18 plus 9   ergibt **27**

3 x 10 = 10 verdoppelt, also 20 plus 10   ergibt **30**

Wenn du Zahlen mit 3 multiplizieren kannst, dann kannst du sie auch ganz leicht mit 6 multiplizieren, indem du sie einfach noch einmal verdoppelst.

Hier die Beispiele:

6 x 1 = 1   verdoppelt, also 2 plus 1 ergibt 3,
verdoppelt gleich **6**

6 x 2 = 2   verdoppelt, also 4 plus 2 ergibt 6,
verdoppelt gleich **12**

6 x 3 = 3   verdoppelt, also 6 plus 3 ergibt 9,
verdoppelt gleich **18**

6 x 4 = 4   verdoppelt, also 8 plus 4 ergibt 12,
verdoppelt gleich **24**

6 x 5 = 5   verdoppelt, also 10 plus 5 ergibt 15,
verdoppelt gleich **30**

6 x 6 = 6   verdoppelt, also 12 plus 6 ergibt 18,
verdoppelt gleich **36**

6 x 7 = 7   verdoppelt, also 14 plus 7 ergibt 21,
verdoppelt gleich **42**

6 x 8 = 8   verdoppelt, also 16 plus 8 ergibt 24,
verdoppelt gleich **48**

6 x 9 = 9   verdoppelt, also 18 plus 9 ergibt 27,
verdoppelt gleich **54**

6 x 10 = 10 verdoppelt, also 20 plus 10 ergibt 30,
verdoppelt gleich **60**

Kommen wir noch einmal zur Multiplikation mit 9, die wir schon anhand der Finger geübt haben. Es gibt noch eine weitere Möglichkeit. Um eine Zahl mit 9 zu multiplizieren, nimmst du sie zunächst mal 10 und ziehst vom Ergebnis den Wert der zu multiplizierenden Zahl noch einmal ab. Du subtrahierst also die Zahl von dem Ergebnis.

Hier die Beispiele:

9 x 1 = 10 x 1 = 10 minus 1 ist **9**

9 x 2 = 10 x 2 = 20 minus 2 ist **18**

9 x 3 = 10 x 3 = 30 minus 3 ist **27**

9 x 4 = 10 x 4 = 40 minus 4 ist **36**

9 x 5 = 10 x 5 = 50 minus 5 ist **45**

9 x 6 = 10 x 6 = 60 minus 6 ist **54**

9 x 7 = 10 x 7 = 70 minus 7 ist **63**

9 x 8 = 10 x 8 = 80 minus 8 ist **72**

9 x 9 = 10 x 9 = 90 minus 9 ist **81**

9 x 10 = 10 x 10 = 100 minus 10 ist **90**

So, jetzt bleibt im Grunde nur noch die Zahl sieben. Für die sieben gibt es keinen Trick, aber

7 x 1 ist 7

7 x 2 ist 7 verdoppelt, also 14

7 x 3 ist 7 verdoppelt plus 7, also 21

7 x 4 ist 7 zweimal verdoppelt, also 14 à 28

7 x 5 ist 7 x 10 % 2, also 70 à 35

7 x 6 ist 7 mal 3 und das Ergebnis verdoppeln, also 21 à 42

7 x 8 ist 7 dreimal verdoppelt, also 14 à 28 à 56

7 x 9 ist 7 x 10 minus 7, also 70 à 63

7 x 10 ist 7 mit einer null hintendran, also 70

Das heißt, die einzige Zahl, die du beim kleinen Einmaleins eigentlich nur auswendig lernen musst, ist die 49. 7 x 7, ist das nicht großartig? Trainiere diesen Rechenweg jeden Tag ein bisschen und du wirst schon in wenigen Tagen sehr gut im Rechnen werden.

Hier noch ein kleines Rätsel für dich, für deine Eltern und für deine Lehrer: Was fällt dir an diesen Rechnungen auf?

$7 \times 1 = 7$
$7 \times 2 = 14$
$7 \times 3 = 21$
$7 \times 4 = 29$
$7 \times 5 = 35$
$7 \times 6 = 42$
$7 \times 7 = 49$
$7 \times 8 = 56$
$7 \times 9 = 63$
$7 \times 10 = 70$

Die Lösung findest du am Ende des Kapitels.

Doch kommen wir jetzt zu zwei ziemlich coolen Rechentechniken, mit denen du noch besser in Mathematik wirst und gleichzeitig deine Freunde, Eltern und Lehrer verblüffen kannst.

Du lernst jetzt eine Methode, mit der du jede zweistellige Zahl schneller im Kopf mit 11 multiplizieren kannst, als es dein Mathelehrer mit dem Taschenrechner wird. Glaub mir, mit ein bisschen Übung funktioniert es!

Nehmen wir also an, dass du folgende zweistellige Zahlen mit 11 multiplizieren sollst:

17 x 11 =
26 x 11 =
35 x 11 =
44 x 11 =
51 x 11 =
63 x 11 =
72 x 11 =
81 x 11 =
90 x 11 =

Rechne diese Aufgaben jetzt einmal so, wie du es in der Schule gelernt hast, also z.b.: 17 x 11 = 17 x 10 plus 17 x 1 = 170 + 17 = 187 Bitte versuche die Aufgaben von oben im Kopf zu rechnen. Stoppe die Zeit, die du dafür benötigst und schreibe sie auf einen Zettel.

So, jetzt hast du möglicherweise fünf Minuten gebraucht, um diese Aufgaben im Kopf auszurechnen. Oder vielleicht warst du auch schneller, aber die meisten Schüler brauchen etwa fünf Minuten, um diese Aufgaben im Kopf auszurechnen, wenn sie einigermaßen gut im Kopfrechnen sind.

Jetzt lernst du eine Technik, mit der du diese Aufgaben in weniger als einer Minute ausrechnen kannst (ich habe es gerade eben noch einmal ausprobiert und es dauerte 20 Sekunden, um alle Aufgaben im Kopf zu lösen). Nimm dir einen Stift und ein Blatt Papier. Wir beginnen bei der ersten Aufgabe. Schreibe sie wie folgt auf das Blatt:

17 x 11 = 1   7

Du schreibst also hinter dem = die Zahl 17 mit einer Lücke.
Schreibe alle anderen Aufgaben von oben genauso darunter auf
das Blatt.

26 x 11 = 2	6
35 x 11 = 3	5
44 x 11 = 4	4
51 x 11 = 5	1
63 x 11 = 6	3
72 x 11 = 7	2
81 x 11 = 8	1
90 x 11 = 9	0

Jetzt addierst du die beiden Ziffern der Zahl, die du mit 11 multiplizieren möchtest, also im Beispiel 17 x 11 rechnest du 1 + 7 und
das Ergebnis schreibst du dann in die Lücke. In etwa so:

17 x 11 = 1	(1+7)	7
26 x 11 = 2	(2+6)	6
35 x 11 = 3	(3+5)	5
44 x 11 = 4	(4+4)	4
51 x 11 = 5	(5+1)	1
63 x 11 = 6	(6+3)	3
72 x 11 = 7	(7+2)	2
81 x 11 = 8	(8+1)	1
90 x 11 = 9	(9+0)	0

Jetzt musst du die Aufgaben in der Klammer nur noch ausrechnen und das Ergebnis hinschreiben und schon hast du die richtige Lösung.

17 x 11 = **1 8**	**7** = 187
26 x 11 = **2 8**	**6** = 286
35 x 11 = **3 8**	**5** = 385
44 x 11 = **4 8**	**4** = 484
51 x 11 = **5 6**	**1** = 561
63 x 11 = **6 9**	**3** = 693
72 x 11 = **7 9**	**2** = 792
81 x 11 = **8 9**	**1** = 891
90 x 11 = **9 9**	**0** = 990

Na, ist das nicht total einfach? Doch ist es. Wenn die Summe der beiden Ziffern größer als 9 ist, muss man noch eine Kleinigkeit beachten, aber das lernst du jetzt auch noch ganz fix.

Schau mal hier:

29 x 11 =	2	(2+9)	9	à 2 + 9 = 11
	2+1		1	9
29 x 11 =	3		1	9	= 319

Wir müssen also den Zehner übertragen. Dies bedeutet, dass wir bei Summen, die größer als 9 sind, die erste Zahl noch plus 1 erhöhen.

Noch ein paar Beispiele:

$38 \times 11 =$ **3** (3+8) **8** = **3** (11) **8** = 3+1 **1** **8** = 418
$69 \times 11 =$ **6** (6+9) **9** = **6** (15) **9** = 6+1 **5** **9** = 759
$75 \times 11 =$ **7** (7+5) **5** = **7** (12) **5** = 7+1 **2** **5** = 825
$99 \times 11 =$ **9** (9+9) **9** = **9** (18) **9** = 9+1 **8** **9** = 1089

So, jetzt bist du dran. Rechne die nächsten 25 Aufgaben mit dieser neuen Rechentechnik und stoppe die Zeit. Bist du bereit? Dann geht es los...

$13 \times 11 =$
$26 \times 11 =$
$32 \times 11 =$
$44 \times 11 =$
$74 \times 11 =$

$80 \times 11 =$
$61 \times 11 =$
$12 \times 11 =$
$89 \times 11 =$
$66 \times 11 =$

$85 \times 11 =$
$90 \times 11 =$
$23 \times 11 =$
$41 \times 11 =$
$50 \times 11 =$

14 x 11 =
72 x 11 =
20 x 11 =
56 x 11 =
82 x 11 =

-----

18 x 11 =
25 x 11 =
59 x 11 =
70 x 11 =
10 x 11 =

Na, wie lange hast du gebraucht?
Jetzt kommt der letzte Teil der Übung: Rechne diese Aufgaben nun mit einem Taschenrechner und stoppe die Zeit. Mit welcher Technik warst du schneller? Wie viele Aufgaben waren richtig?

Mit ein bisschen Übung rechnest du die Aufgaben im Kopf in der Hälfte der Zeit als mit dem Taschenrechner. Und im Vergleich zu der Rechenart, wie du sie in der Schule gelernt hast, ist sie zum einen viel schneller und zum anderen wirst du mehr Aufgaben richtig rechnen.

Jetzt übe diese Rechentechnik drei Tage lang, indem du deine Eltern, Nachbarn und Freunde bittest, dir zweistellige Zahlen zu nennen, die du dann im Kopf ausrechnest. Sobald du das drei Tage lange geübt hast, zeige diese Technik deinem Mathelehrer.

Ein weiteres Beispiel dafür, wie einfach Mathematik sein kann, zeigt dieser Witz:

Ein englischer Mathematiker betritt ein Café und sagt: »**May I have a large container of coffee?**« Daraufhin reicht der Kellner dem Mathematiker seinen Kaffee mit den Worten: »**That`s Pi!**«

Nun mag der eine diesen Witz als ganz amüsant empfinden, weil er weiß, dass das englische Wort »Pi« übersetzt so viel wie »Pipi« bedeutet und gerade die Jüngeren unter uns sich dadurch verschämt lachend in der Ecke kugeln, weil sie annehmen, dass der Kellner dem Mathematiker statt eines Kaffees eine Tasse mit Pipi serviert.

Wir beide wissen jedoch, dass hinter dem Satz eine geheime Botschaft steckt, die nur die Speedlearner verstehen. Pi ist nämlich auch der Name der Kreiszahl und diese lautet 3,1415926... und geht scheinbar bis unendlich. Um sich die Nachkommastellen der Zahl Pi zu merken, hilft uns der Satz von oben. Zähl doch einmal die Buchstaben der Wörter:

May	I	have	a	large	container	of	coffee
3	1	4	1	5	9	2	6

Na, fällt dir etwas auf? Hinter diesem Satz verstecken sich die Ziffern der Zahl Pi. Jetzt frage doch einmal nur so zum Spaß deine Eltern, Nachbarn, Freunde und Lehrer, wie die ersten sieben Nachkommastellen der Kreiszahl Pi heißen und du wirst dich ein weiteres Mal sehr viel schlauer als der Rest der Welt fühlen. Aber vor allem wirst du dich immer an die Zahl Pi erinnern. Ist das nicht großartig? Dann erzähle es gleich weiter!

Das sind jetzt nur ein paar Beispiele dafür, wie wunderbar die Mathematik ist und welche Möglichkeiten es gibt, Mathematik auf eine andere Art zu lernen, als du es in der Schule oftmals tust.

Jetzt können wir zwar nicht den gesamten Bereich der Mathematik von der Grundschule bis zum Abitur in diesem Buch abbilden, aber wenn dich die Themen Mathematik und Rechentechniken interessieren, dann werde doch auch ein Schüler an der Speedlearning School. Da haben wir den Matheunterricht für dich so aufbereitet, dass du alles ganz leicht verstehst – und das sogar in verschiedenen Sprachen. So verbesserst du zusätzlich dein Englisch oder lernst ganz nebenbei noch weitere Sprachen.

Hier ist der Link zu unserer Onlineschule: *https://speedlearning. school.*

Auflösung zum Rätsel

Den meisten Eltern, Lehrern und Mitschülern wird auffallen, dass das Ergebnis der Aufgabe 7 x 4 falsch ist. Es müsste 28 dort stehen.

7 x 1 = 7
7 x 2 = 14
7 x 3 = 21
7 x 4 = 29 !!! Falsch !!!
7 x 5 = 35
7 x 6 = 42
7 x 7 = 49
7 x 8 = 56
7 x 9 = 63
7 x 10 = 70

Diese Antwort ist aber für Schülerinnen und Schüler, die speedlearnen, falsch! Warum? Weil dir stattdessen auffallen soll, dass 9 von 10 Aufgaben RICHTIG gerechnet wurden.

7 x 1 = 7	**Super!**
7 x 2 = 14	**Toll!**
7 x 3 = 21	**Klasse!**
7 x 4 = 29	*Macht nichts*
7 x 5 = 35	**Prima!**
7 x 6 = 42	**Großartig!**
7 x 7 = 49	**Richtig!**
7 x 8 = 56	**Du machst das hervorragend!**
7 x 9 = 63	**Fantastisch!**
7 x 10 = 70	**Neun von zehn richtig!**
	Ich bin stolz auf Dich!

Die eine Aufgabe, die nicht korrekt war, hast du doch ruckzuck korrigiert und wirst sie beim nächsten Mal besser können. Denke also immer an die Aufgaben, die richtig sind. Motiviere dich zum Lernen, indem du an das denkst, was du schon gut kannst. Alles andere kannst du bis morgen verbessern. Es geht beim Lernen einfach immer nur darum, dass du jeden Tag ein bisschen besser bist als an dem Tag davor. Diese Technik solltest du in allen Fächern anwenden. Egal ob beim Vokabellernen in Englisch oder bei der Rechtschreibung in Deutsch, egal ob bei den Liegestützen im Sport oder bei den Noten im Musikunterricht.

KAPITEL 3

WIE DU DICH IN DEUTSCH RICHTIG AUSDRÜCKEN KANNST

Kommen wir zum Schulfach Deutsch. Vielleicht ist Deutsch deine Muttersprache, aber eventuell hast du Deutsch auch als Zweitsprache gelernt. Ganz egal – das, was ich dir hier an Tipps gebe, kannst du sowohl für die deutsche Sprache als auch für alle anderen Sprachen anwenden.

Zunächst einmal ist es wichtig, dass du dir von Anfang an ein gutes und korrektes Deutsch angewöhnst. Das bedeutet, wenn du bislang mit deinen Freundinnen und Freunden WhatsApp Nachrichten ausgetauscht hast, getreu nach dem Motto: »Hey du Lappen, was geht?«, »Hat dir das Opfer schon geantwortet?«, »OMG, LOL«, »Voll krass oder was der Spacko abzieht.«...

Dann brauchst du dich nicht zu wundern, wenn du im Deutschunterricht möglicherweise noch nicht die Note hast, die du dir am Ende des Jahres im Zeugnis vorstellst. Das Problem besteht darin, dass du in deinem Gehirn zwei unterschiedliche Versionen der deutschen Sprache abspeichern musst, wenn du mit deinen Freunden ein flapsiges und einigermaßen minderwertiges Deutsch verwendest.

Das ist dann zum einen das »Hinterhof«-Deutsch, welches du mit deinen Kumpeln verwendest und das korrekte Deutsch mit seinen eleganten Formulierungen, der richtigen Grammatikstrukturen und besonders präzisen Aussagen, das du für die Schule und später für einen beruflichen Erfolg benötigst.

Es mag für dich so klingen, als wäre ich jetzt der größte Spießer, aber betrachte mich lieber als einen Ehrenmann, denn am Ende des Tages wirst du feststellen, dass es sinnvoller ist, sich in einer Sprache – egal in welcher – korrekt und gepflegt auszudrücken. Das sprachliche Niveau nach unten anzupassen, um sich mit einer Person zu unterhalten, die sich weniger gut auf Deutsch ausdrücken kann, ist immer leichter, als sich mit einer Person zu unterhalten, deren sprachliches Niveau einem überlegen ist.

Dazu also die Grundeinstellung, die ich dir ausdrücklich empfehle: Schreibe deine E-Mails, WhatsApp Nachrichten, SMS und Kommentare in den sozialen Netzwerken in korrektem Deutsch. Verzichte dabei auf Dialekt, Jugend- oder Hinterhofsprache sowie auf Abkürzungen. Die Abkürzungen stammen aus der Zeit, in der man eine SMS noch pro Zeichen bezahlen musste und deswegen Geld sparen wollte. Diese Zeiten sind längst vorbei.

Wenn du die deutsche Sprache nicht schriftlich, sondern mündlich verwendest, dann achte darauf, dass du langsam und deutlich mit einer klaren und gut hörbaren Lautstärke sprichst. Man sollte dich gut verstehen können.

So, genug der Belehrungen - kommen wir nun zu den Tipps für die praktischen Arbeiten in der Schule. Zunächst möchte ich dir einen wirklich hilfreichen Tipp für das nächste Diktat geben:

Um Fehler in einem Diktat besser zu finden, hift es, wenn du den Text, anstatt von vorne nach hinten, also vom Anfang bis zum Ende zu lesen, am Ende des Textes beginst und Wort für Wort das Diktat rückwärts durchgest, Denn in dem Moment, in dem du den Text vom Anfang zum Ende durchliehst, entsteht durch die Geschichte die dieser Text erzählt ein Bild in deinem Kopf und dein Gehiern passt möglicherweise Fehler in der Rechtschreibung automatisch an und übersiet somit Fehler. Wenn du alerdings Wort für Wort rückwärts liest, dann wirst du festellen, dass jedes einzelne Wort auf seine korreckte Schreibweise überprüft wird. Dadurch findest du Fehler zuverläßiger als anderherum.

Probiere es gleich aus. Hier findest du den Text von oben rückwärts geschrieben. Wie viele Fehler findest du?

anderherum als zuverläßiger Fehler du findest Dadurch. wird überprüft Schreibweise korreckte seine auf Wort einzelne jedes dass, festellen du wirst dann, liest rückwärts Wort für Wort alerdings du Wenn. Fehler somit übersiet und an automatisch Rechtschreibung der in Fehler möglicherweise passt Gehiern dein und Kopf deinem in Bild ein erzählt Text dieser die, Geschichte die durch entsteht, durchliehst Ende zum Anfang vom Text den du dem in, Moment dem in, Denn durchgest rückwärts Diktat das Wort für Wort und beginst Textes des Ende am, lesen zu Ende zum bis Anfang vom also, hinten nach vorne von anstatt, Text den du wenn, es hift, finden zu besser Diktat einem in Fehler Um.

Na, wie viele Fehler hast du in dem Text gefunden? Waren es mehr als beim Durchlesen des Originaltextes? Falls ja, hast du bewiesen, dass diese Technik funktioniert. Wenn du auch vorher schon alle

Fehler gefunden hast, dann hast du bewiesen, dass du schon sehr gut im Finden von Rechtschreibfehlern bist. Insgesamt haben wir 12 Fehler versteckt. Am Ende des Kapitels findest du alle Fehler des obigen Textes aufgelistet.

Okay, Diktate rückwärts zu lesen ist eine schöne Sache, aber wie merkt man sich denn die ganzen grammatikalischen Regeln und vor allem die Fachbegriffe? Auch hier gibt es verschiedene Möglichkeiten. Zunächst könntest du mit deinen Freunden ein Spiel spielen.

Hier ein Spiel zum Lernen der vier Fälle des Nomens:

Du fragst deinen Freund Michael: »Wer oder was hat den Kuchen gegessen?«

Michael antwortet: »Der Nominativ hat den Kuchen gegessen.«

Dann fragst du: »Wessen Kuchen hat der Nominativ gegessen?«

Michael antwortet: »Den Kuchen des Genitivs.«

Du fragst: »Wem hat er das erzählt?«

Michael antwortet: »Das hat er dem Dativ erzählt.«

Dann wieder du: »Wen oder was müssen wir darüber informieren?«

Michael: »Wir müssen den Akkusativ darüber informieren. Nicht wahr Kerstin?«

Jetzt ist Kerstin an der Reihe und fragt z.B. Monika.

Kerstin: »Wer oder was hat den Kuchen gegessen?«

Monika: »Der Nominativ hat den Kuchen gegessen.«

Kerstin: »Wessen Kuchen hat der Nominativ gegessen?«

Monika: »Den Kuchen des Genitivs.«

Kerstin: »Wem hat er das erzählt?«

Monika: »Das hat er dem Dativ erzählt.«

Kerstin: »Wen oder was müssen wir darüber informieren?«

Monika: »Wir müssen den Akkusativ darüber informieren. Nicht wahr
Stephanie?«

Jetzt stellt Stephanie einer anderen Person die Fragen und das Spiel geht immer so weiter, bis alle Kinder an der Reihe waren oder 20 Minuten vorbei sind. Dann legt ihr eine Pause von fünf Minuten ein und überprüft, ob ihr bei den nachfolgenden Sätzen die Fälle richtig zuordnen könnt. Falls nicht, wiederholt das Kind, das die Fälle noch nicht sicher beherrscht, die Fragen von oben noch einmal.

Hier die Übungssätze:
- Ich füttere mit dir den Hund des Nachbarn.
- Du fütterst mit mir die Katze deiner Oma.
- Tom besucht mit Laura die Tochter seines Nachbarn.
- Die Katze frisst den Kanarienvogel der Blumenverkäuferin.
- Der Hund verjagt den Briefträger.
- Das Radio des Nachbarn ist sehr laut.
- Im Wald des Nachbarortes wohnt ein alter Mann mit einem kleinen Hund, dessen Pfote immer nass wird, wenn er sie in das Wasser des benachbarten Flusses taucht und sie ist zumindest noch feucht, wenn er sie anschließend dem alten Mann zeigt.

Viel Spaß bei diesem Spiel und schau doch mal, ob deine Eltern die Fälle alle richtig zuordnen können.

Etwas aufwendiger, aber nicht weniger spaßig wird es, wenn du Aufsätze, Berichte, Interpretationen oder andere kreative Textgestaltungsaufgaben im Unterricht meistern musst. Dann empfiehlt es sich, verschiedenen Beispielen aus dem Internet zu folgen. Gib also den Suchbegriff z.B. »Aufsätze richtig schreiben« oder »Texte korrekt zusammenfassen« im Internet ein und lass dich von Beispielen der Profis inspirieren.

Je mehr Aufsätze du von anderen Menschen gelesen hast, umso leichter wird es dir fallen, auch selbst gute Aufsätze zu schreiben. Überlege dir beispielsweise Synonyme, also Wörter, die du anstelle eines anderen Wortes verwenden kannst. Statt des Wortes »gehen« kannst du auch folgende Verben verwenden: Laufen, rennen, schlendern, spazieren, eilen, hetzen, flitzen, rasen, schlurfen, düsen, usw.

Mach dir zur Übung doch einmal den Spaß und frage deine Freunde oder Bekannten nicht »Hey, wie geht`s?« sondern stattdessen:
>>Hey, wie läuft's?«
>>Hey, wie rennt's?«
>>Hey, wie schlendert's?«
usw.

Auch Alternativen für einen Satzanfang kannst du leicht einüben. Ersetze das Wort »dann«, z.B. durch »anschließend«, »im Anschluss«, »nachfolgende«, »in der Fortsetzung«, usw. Ganz cool wird es, wenn du auch im Alltag übst, »bitte« und »danke« durch alternative Formulierungen zu ersetzen.

Hier ein paar Beispiele:
* Statt »Bitte gib mir deinen Radiergummi.« besser »Du könntest mir nicht zufällig deinen Radiergummi ausleihen, ich müsse kurz etwas wegradieren?«.

- Statt »Danke für das Geschenk.« besser »Das ist wirklich ein sehr schönes Geschenk, damit hast du mir eine große Freude gemacht.«.
- Oh, da ist es – das Wort »machen« – eines der am meisten aus Faulheit verwendeten Wörter der deutschen Sprache. Verzichte auch in Zukunft auf das Wort »machen«, wo immer es möglich ist.
- Statt »Mach das Fenster zu.« besser »Schließe das Fenster.«.
- Statt »Das macht Sinn.« besser »Das ergibt Sinn.«.
- Statt »Lass uns etwas zu Essen machen.« besser »Lass uns etwas zu Essen zubereiten.«.

Fallen dir noch mehr Sätze mit »machen« ein, die du besser und eleganter formulieren kannst? Spiele mit deinen Freunden das Spiel »Begriffe vermeiden«. Man unterhält sich, darf aber bestimmte Wörter dabei nicht sagen, wie z.B. »ja«, »nein«, »bitte«, »danke«, »und«, »weil« usw.

Damit du den Unterschied bemerkst, folgt hier ein Text aus einem Märchen in der vereinfachten Version und dann im Original. So erkennst du gleich den Unterschied zwischen einfachem und elegantem Deutsch. Elegantes Deutsch ist ein Genuss für die Ohren.

Einfaches Deutsch:

Es war einmal ein Mädchen, das jeder mochte. Seine Oma mochte es auch. Die Oma wusste nicht, was sie dem Mädchen schenken sollte. Dann schenkte die Oma dem Mädchen ein Käppchen aus rotem Samt. Das gefiel dem Mädchen. Dann wollte das Mädchen nur noch das Käppchen anziehen. Dann nannten alle Leute das Mädchen Rotkäppchen. Dann sagte die Mutter zu dem Mädchen: »Komm, Rotkäppchen, da hast du ein Stück Kuchen und eine Flasche Wein, bring das der Großmutter. Geh, bevor es heiß wird, und pass auf, dass du nicht hinfällst. Und wenn du da bist, dann sag »Guten Morgen«.

Elegantes Deutsch:
Es war einmal ein kleines süßes Mädchen, das hatte jedermann lieb, der sie nur ansah, am allerliebsten aber ihre Großmutter, die wusste gar nicht, was sie alles dem Kinde geben sollte. Einmal schenkte sie ihm ein Käppchen von rotem Samt, und weil ihm das so wohl stand, und es nichts anders mehr tragen wollte, hieß es nur das Rotkäppchen. Eines Tages sprach seine Mutter zu ihm: »Komm, Rotkäppchen, da hast du ein Stück Kuchen und eine Flasche Wein, bring das der Großmutter hinaus; sie ist krank und schwach und wird sich daran laben. Mach dich auf, bevor es heiß wird, und wenn du hinauskommst, so geh hübsch sittsam und lauf nicht vom Wege ab, sonst fällst du und zerbrichst das Glas, und die Großmutter hat nichts. Und wenn du in ihre Stube kommst, so vergiss nicht guten Morgen zu sagen und guck nicht erst in allen Ecken herum!«[1]

Merkst du den Unterschied? Vielleicht klingt der zweite Teil etwas steif. Das liegt daran, dass es sich um Schriftdeutsch handelt und das klingt immer etwas anders als gesprochenes Deutsch.

Während ich diese Zeilen schreibe, kommt mein Sohn zu mir, erzählt mir etwas und kommentiert seine Aussage mit »echt jetzt«. Spontan fallen mir folgende Alternativen zu diesem Ausdruck ein, je nachdem, ob »echt jetzt« als Aussage oder als Frage formuliert wird:

---

1   grimmstories.com – besucht am 20.01.2022

»Echt jetzt!« als Aussage:
- Das ist wirklich wahr.
- Das stimmt.
- Das entspricht der Realität.
- Das ist die Wahrheit und nichts als die Wahrheit.
- Das ist absolut richtig.
- Diese Aussage wurde von mir auf ihren Wahrheitsgehalt geprüft.
- Darauf kannst du Gift nehmen.

»Echt jetzt?« als Frage:
- Ist das dein Ernst?
- Hast du diese Aussage auf ihren Wahrheitsgehalt hin überprüft?
- Bist du dir ganz sicher?
- Stimmt das wirklich?
- Gibt es für diese Aussage stichfeste Beweise?
- Kann das noch jemand außer dir bezeugen?

und für absolute Profis:
- Lass uns sehen, ob das, was du mir gesagt hast, durch die drei Siebe des Sokrates hindurchgeht!

Jetzt ist der Moment gekommen, an dem du alle Erwachsenen in deiner Umgebung fragen solltest, was »die drei Siebe des Sokrates« sind. Sobald du die Antwort erhalten hast, verwende den letzten Satz in jeder denkbaren Situation. Falls die Tatsache, dass du ein Buch liest (nämlich dieses) deine Eltern nicht schon ausreichend überrascht, werden sie spätestens dann, wenn sie den Satz mit den drei Sieben des Sokrates von dir hören, sicher sein, dass sie in ihrer Erziehung alles richtig gemacht haben.

Suche für deinen nächsten Aufsatz oder für die kommende Hausarbeit einmal im Internet nach Synonymen für Wörter, die du in deinen Texten häufig verwendest. So wirst du dir ziemlich schnell ein eleganteres Deutsch erlernen. Übrigens funktioniert diese Technik auch in anderen Sprachen. Das bedeutet, dass Synonyme ebenfalls deine Ausdrucksfähigkeit auf Englisch, Französisch oder jeder beliebigen anderen Sprache verbessern.

Das Internet bietet dir übrigens darüber hinaus auch die Möglichkeit, alles was du in der Schule durch die Erklärung des Lehrers oder die Erklärung in den Schulbüchern nicht verstehst, noch einmal von einer anderen Person im Rahmen von Erklärfilmen oder Tutorials erläutert zu bekommen und das so oft du möchtest, völlig freiwillig und für alle deine Schulfächer.

Eine andere Möglichkeit, sein Deutsch zu verbessern, besteht darin, mit dem Klassenkameraden, der im Deutschunterricht immer die besten Noten schreibt, eine Abmachung zu treffen. Diese Abmachung kann sogar mit der ganzen Klasse vereinbart werden und beinhaltet, dass jeder, der bei einer Klassenarbeit eine Eins geschrieben hat, nach Rückgabe der Arbeiten vor der Klasse erzählt, wie er sich auf diese Arbeit vorbereitet hatte. So lernst du von deinen Mitschülern die Erfolgstechniken und kannst dich entsprechend daran orientieren.

Zu guter Letzt möchte ich dir noch empfehlen, dir einen Mentor zu suchen. Das ist ein Erwachsener oder ein Schüler einer höheren Klasse, der dich bei dem Fach, das dir die größten Schwierigkeiten bereitet, unterstützen kann. Der Unterschied zur Nachhilfe besteht darin, dass der Mentor die Dinge nicht einfach nur noch einmal anders als der Lehrer verdeutlicht und mit dir wiederholt, sondern auch deine Lernmotivation und deine Lernstrategien anschaut, um herauszufinden, was du besser machen kannst. Falls es in deiner Schule so einen Mentor nicht gibt, kannst du dich jederzeit bei uns melden und wir vermitteln dir dann jemanden.

Die letzten beiden Empfehlungen gelten übrigens nicht nur für den Deutschunterricht, sondern auch für alle anderen Fächer. Lerne von denen, die das, was du lernen musst, schon gelernt haben und von denen, die in einer Klassenarbeit oder bei einem Test besser abschneiden als du.

So, wie versprochen ist hier die Liste der Fehler aus dem Text von oben:

Um Fehler in einem Diktat besser zu finden, **hift** (hilft) es, wenn du den Text, anstatt von vorne nach hinten, also vom Anfang bis zum Ende zu lesen, am Ende des Textes **beginst** (beginnst) und Wort für Wort das Diktat rückwärts **durchgest** (durchgehst), **Denn** (denn) in dem Moment, in dem du den Text vom Anfang zum Ende **durchliehst** (durchliest), entsteht durch die Geschichte, die dieser Text erzählt ein Bild in deinem Kopf und dein **Gehiern** (Gehirn) passt möglicherweise Fehler in der Rechtschreibung automatisch an und **übersiet** (übersieht) somit Fehler. Wenn du **alerdings** (allerdings) Wort für Wort rückwärts liest, dann wirst du **festellen** (feststellen), dass jedes einzelne Wort auf seine **korreckte** (korrekte) Schreibweise überprüft wird. Dadurch findest du Fehler **zuverläßiger** (zuverlässiger) als **anderherum** (andersherum).

KAPITEL 4

WIE ES DIR BEI ENGLISCH NIE WIEDER DIE SPRACHE VERSCHLÄGT

Ich muss dir ein Geheimnis verraten. Die Person, die dein Englischbuch geschrieben hat, hat niemals mit diesem Buch Englisch gelernt. Das bedeutet, dass du mit einer Technik Englisch lernst, die von der Person, die dir diese Technik empfiehlt, nie angewendet wurde. Vermutlich haben auch weder dein Englischlehrer noch deine Englischlehrerin jemals mit diesem Unterrichtswerk Englisch gelernt.

Das zweite Geheimnis, das ich dir verraten möchte, lautet, dass du in der Schule die englische Sprache eigentlich nicht lernst, sondern studierst. Würdest du die Sprache lernen, dann wäre der Unterricht so aufgebaut, dass du dich möglichst schnell über alle für dich und dein Leben wichtigen Dinge auf Englisch unterhalten kannst. Zum Beispiel darüber, dass du gerne Fußball spielst oder Ballettunterricht nimmst. Die Lehrer würden dir beibringen, wie du dich über das Klavier spielen oder über deine Lieblingsband unterhalten kannst. Das ist allerdings nicht Gegenstand des Lehrplans und daher auch nicht des Unterrichts. Dir wird dagegen die Grammatik beigebracht, und zwar bis ins Detail.

Das Ziel des Fremdsprachenunterrichtes, wie er seit 1809 von Wilhelm von Humboldt im Königsberger Schulplan beschrieben wurde, ist es, den Schüler so weit zu bringen, dass er mit eigener Anstrengung und mit dem Gebrauch der vorhandenen Hilfsmittel jeden Schriftsteller, insoweit er wirklich verständlich ist, mit Sicherheit verstehen kann und sich in jede gegebene Sprache, nach seiner allgemeinen Kenntnis vom Sprachbau überhaupt, leicht und schnell hineinstudieren kann.

Also mit anderen Worten:

> Das Ziel des Fremdsprachenunterrichtes ist es, Texte in der jeweiligen Sprache verstehen zu können. Der Schwerpunkt lag nie und liegt oftmals noch immer nicht im Erlernen der verhandlungssicheren Kommunikation. Beim Erlernen deiner Muttersprache war der Lernprozess genau andersherum. Zuerst hast du gelernt, dich über alltägliche Dinge zu unterhalten und dann hast du ein verhandlungssicheres Deutsch gesprochen, ohne auch nur ein Wort auf Deutsch lesen zu können oder ohne auch nur einen Hauch Ahnung von Grammatik zu haben.

Also Fazit:

Du studierst Sprachen an der Schule, aber du lernst sie nicht. Tatsächlich ist es sogar recht wahrscheinlich, dass du weitere Englischkurse nach der Schule besuchen musst, um diese Sprache beruflich anwenden zu können. Denn im Schulunterricht lernst du auch nicht, wie man zum Beispiel ein Produkt auf Englisch verkauft, Verhandlungen führt, Verträge abschließt oder einen Geschäftspartner von einem Projekt überzeugt.

Die Ausnahmen sind entweder bilinguale Unterrichte, also wenn zum Beispiel auch ein anderes Fach, wie z.B. der Mathematikunterricht, in englischer Sprache abgehalten wird, oder Auslandsaufenthalte, also wenn du z.B. ein Jahr in den USA zur Schule gehst. Leider ist jedoch beides nicht immer für jeden Schüler möglich.

Aber es gibt Licht am Horizont! Ich verrate dir jetzt ein paar Strategien, mit denen du ganz schnell dein Englisch auf Vordermann bringst, deine Englischkenntnisse verbessern kannst und gleichzeitig die Grammatik in der Schule leichter verstehst.

Nimm jetzt einmal dein Englischbuch zur Hand und schlage das Vokabelverzeichnis auf. Bei den meisten Englischbüchern ist das ganz am Ende. Wenn dir das Buch gehört, dann kläre mit deinen Eltern ab, ob du da drin malen kannst. Wenn du nichts in dein Buch reinschreiben oder malen darfst, weil du das Buch von der Schule ausgeliehen hast, dann bitte deine Eltern, das Vokabelverzeichnis für dich zu kopieren. Hole dir anschließend einen Textmarker und markiere alle Wörter im Vokabelverzeichnis, die du auf Anhieb verstehst. Das sind Wörter wie beispielsweise »tennis«, »restaurant« oder »hotel«. Aber auch Wörter wie »taxi«, »banana« oder »doctor«.

Nachdem du alle Wörter angestrichen hast, die du auf Anhieb verstehst, schaue dir an, wie du das Verb »to be« konjugierst und zwar in der Gegenwartsform und in der Vergangenheitsform. Bitte gegebenenfalls einen Erwachsenen, dir dabei zu helfen.

Anschließend kannst du Sätze bilden mit dem internationalen Vokabular und dem Begriff »to be«. Zum Beispiel: »I am in a supermarket«, »I am in a restaurant«, »I was in a park«, »I was in a hotel«, usw.

Als nächstes nimmst du die Gegenwarts- und Vergangenheitsform des Verbes »to have« und kombinierst ebenfalls das internationale Vokabular, welches du dir schon herausgesucht hast, mit diesen Wörtern. Daraus entstehen dann Sätze wie z.B. »I have a banana«, »I have a T-shirt«, »I had a telephone«, »I had a computer«.

Du merkst also, dass du mit diesem internationalen Vokabular schon sehr viele Sätze bilden kannst. Jetzt schau dir den Text an, den du im Moment in der Schule bearbeitest und überlege dir, wie du mit den Worten, die du dort verwendest, die Sätze um das internationale Vokabular erweitern kannst.

Nehmen wir einmal an, dass der Satz in deinem Englischbuch folgendermaßen lautet:

»Atticus was feeble: he was nearly fifty. When Jem and I asked him why he was so old, he said he got started late, which we felt reflected upon his abilities and manliness.« (Auszug aus: To kill a mockingbird)[2]

Jetzt der Text ergänzt um internationales Vokabular:

»Atticus was feeble like a banana in a restaurant: he was nearly fifty when the bus stopped at the supermarket. When Jem, a doctor, and I, the architect, asked him why he was so old and why he didn't buy the ticket for the bus in the internet, he said he got started late, like a tiger hunting for an elephant, which we felt reflected upon his abilities and manliness, but the interesting fact was, that internet cafés didn't exist in those days and that tigers never hunt elephants.«

Selbstverständlich kannst du den Text auch um andere Wörter ergänzen, die du bereits kennst oder in der Schule aktuell lernst. Viele Schülerinnen und Schüler nehmen beispielsweise die Texte ihrer englischen Lieblingslieder und ergänzen ihn um Vokabeln aus dem Schulunterricht beziehungsweise dichten den Text entsprechend um.

---

2   https://genius.com/Harper-lee-to-kill-a-mockingbird-description-of-atticus-finch-annotated - besucht am 20.01.2022

Ein gutes Beispiel für die Umdichtung eines englischen Liedtextes ist das Lied »The Wheels on the Bus«[3].

<u>Hier der Text:</u>

The wheels on the bus go
round and round
round and round
round and round
The wheels on the bus go
round and round
All through the town

The whipers on the bus go
swish swish swish
swish swish swish
swish swish swish
The whispers on the bus go
swish swish swish
All through the town

The children on the bus go
up and down
up and down
up and down
The children on the bus go
up and down
All through the town

The doors on the bus go
open and shut
open and shut
open and shut
The doors on the bus go
open and shut
All through the town

The lights on the bus go
on and off
on and off
on and off
The lights on the bus go
on and off
All through the town
The horn on the bus goes
Beep beep beep beep
Beep beep beep beep
Beep beep beep beep
The horn on the bus goes
Beep beep beep beep

---

3   https://www.songlyrics.com/nursery-rhymes/the-wheels-on-the-bus-lyrics/ - besucht am 20.01.2022

All through the town

The driver on the bus says
Bye bye bye
Bye bye bye

Bye bye bye
The driver on the bus says
Bye bye bye
All through the town

So, jetzt sollte dir das Prinzip der Umdichtung klar sein. Auch diese Übung kannst du natürlich auf alle Fremdsprachen anwenden und am meisten bringt es dir, wenn du dir gemeinsam mit deinen Freunden neue Texte für eure Lieder ausdenkst. Die Texte müssen übrigens keinen Sinn ergeben. Auch sinnlose Texte helfen beim Lernen.

Der Vollständigkeit halber gebe ich dir hier noch zwei Beispiele für englische Lieder ohne sinnvollen Text:

Beispiel 1: Tutti Frutti (Sänger: Little Richard)[4]

Bop bopa-a-lu
a whop bam boo
Tutti frutti, oh Rudy
Tutti frutti, oh Rudy
Tutti frutti, oh Rudy
Tutti frutti, oh Rudy
Tutti frutti, oh Rudy
A whop bop-a-lu a
whop bam boo

Got a girl named Sue, she
knows just what to do
Got a girl named Sue, she
knows just what to do
She rock to the east, she rocks
to the west
But she's the girl that
I know best

---

4   https://www.lyrics.com/lyric/66863/Little+Richard/Tutti+Frutti - besucht am 20.01.2022

Übersetzung:

A wop bop a loo bop a lop bam boom	Ich hab ein Mädchen namens Sue
Tutti Frutti, oh Rudy	Sie weiß genau, was zu tun ist
Tutti Frutti, oh Rudy	Ich hab ein Mädchen namens Sue
Tutti Frutti, oh Rudy	
Tutti Frutti, oh Rudy	Sie weiß genau, was zu tun ist
Tutti Frutti, oh Rudy	Sie rockt nach Osten
A wop bop a loo bop a lop bam boom	Sie rockt nach Westen
	Doch dieses Mädchen kenne ich am besten

Beispiel 2: Bad Romance (Sängerin: Lady Gaga)[5]

Oh-oh-oh-oh-oh, oh-oh-oh-oh, oh-oh-oh	I want your ugly, I want your disease
Caught in a bad romance	I want your everything as long as it's free
Oh-oh-oh-oh-oh, oh-oh-oh-oh, oh-oh-oh	I want your love
Caught in a bad romance	Love, love, love, I want your love, oh, ey
Ra-ra-ah-ah-ah	I want your drama, the touch of your hand (Hey!)
Roma Roma-ma	
Gaga, »Ooh la-la«	I want your leather-studded kiss in the sand
Want your bad romance	
Ra-ra-ah-ah-ah	I want your love
Roma, Roma-ma	Love, love, love, I want your love
Gaga, »Ooh la-la«	
Want your bad romance	

---

5 https://www.azlyrics.com/lyrics/ladygaga/badromance.html - besucht am 20.01.2022

(Love, love, love, I
want your love)
You know that I want you
And you know that I need you

I want it bad
Your bad romance

Übersetzung:

Oh-oh-oh-oh-oh,
oh-oh-oh-oh, oh-oh-oh
Gefangen in einer schlechten
Romanze
Oh-oh-oh-oh-oh,
oh-oh-oh-oh, oh-oh-oh
Gefangen in einer schlechten
Romanze
Ra-ra-ah-ah-ah
Roma Roma-ma
Gaga, »Ooh la-la«
Ich will deine schlechte Ro-
manze
Ra-ra-ah-ah-ah
Roma, Roma-ma
Gaga, »Ooh la-la«
Ich will deine schlechte Ro-
manze
Ich will deine Hässlichkeit, ich
will deine Krankheit

Ich will alles von dir, solange es
umsonst ist
Ich will deine Liebe
Liebe, Liebe, Liebe, ich will
deine Liebe, oh, ey
Ich will dein Drama, die Berüh-
rung deiner Hand (Hey!)
Ich will deinen mit Leder be-
setzten Kuss im Sand
Ich will deine Liebe
Liebe, Liebe, Liebe, ich will
deine Liebe
(Liebe, Liebe, Liebe, ich will
deine Liebe)
Du weißt, dass ich dich will
Und du weißt, dass ich dich
brauche
Ich will es unbedingt
Deine schlechte Romanze

So, das sollte reichen. Hören wir auf, dein Gehirn mit Nonsens zu foltern. Schau dir jetzt lieber den Rest des Vokabelverzeichnisses an. Dabei wirst du feststellen, dass es insgesamt drei Arten von Wörtern gibt.

Erstens die Wörter, die du auf Anhieb verstehst. Diese hast du bereits markiert. Dann gibt es Wörter, zu denen du dir eine Herleitung bilden kannst. Zum Beispiel »school« für Schule (das Wort wird ähnlich geschrieben und ähnlich ausgesprochen), »to chill« für abkühlen (weil deine große Schwester regelmäßig zu deinen Eltern »hey, chillt mal« sagt) oder »pig« für Schwein (denn dein kleiner Bruder spielt von früh bis spät mit Figuren aus der Kinderserie »Peppa Pig«). Diese Wörter kannst du ebenfalls mit einem Textmarker markieren und schon hast du durchschnittlich bis zu 500 Wörter, die du gar nicht mehr lernen brauchst und trotzdem schon kennst.

So, und dann gibt es die Wörter, die du dir einfach nicht merken kannst. Das können Wörter sein wie »ambitious«. Manchmal merkt man sie sich erst dann, wenn man verstanden hat, dass es im Deutschen das Wort »ambitioniert« gibt, was so viel bedeutet wie ehrgeizig, zielstrebig oder bemüht. Diese Wörter fügst du im Laufe deines Lebens im Zuge der Vergrößerung des deutschen Wortschatzes automatisch zu deinem englischen Wortschatz hinzu.

Für alle anderen Wörter, die sich dein Gehirn irgendwie nicht merken möchte, gibt es die Assoziationstechnik, das Lernen mit Liedern und die Geschichtentechnik. Gehen wir eine nach der anderen durch. Bei der Assoziationstechnik überlegst du dir ein Bild in deinem Kopf, das entsteht, wenn du das Wort hörst und anschließend verknüpfst du die deutsche Übersetzung mit in dieses Bild.

Hier ein paar Beispiele:

- with – das Wort klingt für mich, als würde ich den Boden wischen und das tue ich »mit« einem Wischmopp.
- even – klingt nach Steven und ich denke an den Filmproduzenten Steven Spielberg. Jetzt ist er »sogar« bei mir im Englischunterricht.
- because – eine Biene kostet viel Geld, »weil« sie leckeren Honig produziert.
- tell – das ist toll, gell? »Erzähl« mal!
- about – Er baut eine Brücke »über« den Fluss.

Es ist ein bisschen Übung notwendig, bis du diese Technik beherrschst. Doch dann wirst du Vokabeln schneller lernen als jeder andere. Weitere Beispiele zur Assoziationstechnik findest du im Kapitel »Wie du Latein zu einer lebenden Sprache werden lässt«. Beim Lernen mit Liedern gibt es zwei Varianten.

Gib den Titel eines englischen Liedes, das dir sehr gut gefällt, plus das Wort »lyrics« im Internet ein und dir wird der gesamte Text auf Englisch angezeigt. Dann gibst du den Titel erneut ein plus »deutsche Übersetzung«. Jetzt musst du das Lied nur noch fleißig singen und die neuen Vokabeln im Schulunterricht anwenden. Anschließend kannst du den Text umdichten, wie weiter oben schon beschrieben.

Die andere Möglichkeit ist, die Wörter zu nehmen, die du dir schwer merken kannst und sie zur Melodie eines dir bekannten Liedes zu singen. Du kannst auch mehrere Vokabeln in einem Lied unterbringen.

Hier wieder ein Beispiel:
Sagen wir, dass du dir die Wörter »many« (viele), »people« (Menschen) und »breakfast« (Frühstück) merken möchtest. Daraus könntest du folgenden Text auf die Melodie von »Happy Birthday« dichten: »Many people go home. Many people go home. Many people go home for breakfast. Many people go home.«

Sei kreativ beim Erstellen von lustigen Liedtexten zu bekannten Melodien und motiviere auch deine Freunde dazu mitzumachen.

Lass mich dir jetzt einen Trick verraten, wie du dir mit der Geschichtentechnik unregelmäßige Verben leichter merken kannst. Unregelmäßige Verben zeichnen sich dadurch aus, dass mitunter der gesamte Verbstamm bei der Veränderung der Gegenwartsform (simple present) zu simple past, present perfect und past perfect angepasst wird.

Es gibt unregelmäßige Verben, bei denen sich der Vokal von i zu a und u verändert. Beispiel: drink, drank, drunk. Diese unregelmäßigen Verben nennen wir jetzt einfach einmal die Katzenverben, weil i, a, u so klingen wie miau und wir uns eine Geschichte mit einer Katze vorstellen, um uns die unregelmäßigen Verben zu merken. Hier ist die Geschichte

Eine Katze wird geboren und ihr Leben beginnt. Das Telefon klingelt und sie springt vor Schreck in die Badewanne, wo ich schwimme. Und außerdem trinke ich dort ein Glas Wein. Immer wenn ich Wein trinke, habe ich das Bedürfnis zu singen. Und bei dem Klang meines Gesangs schrumpft die Katze zu einem kleinen Knoll zusammen und beginnt zu stinken. Also nehme ich sie und lege sie in einen Mülleimer mit Schwingdeckel.

Wenn du dir jetzt diese Geschichte anguckst, dann habe ich für dich die wichtigen Verben markiert: Beginnen – to begin, klingeln – to ring, springen – to spring, schwimmen – to swim, trinken – to drink, singen – to sing, schrumpfen – to shrink, stinken – to stink, schwingen – to swing.

Und diese Vokabeln werden jetzt folgendermaßen verändert. Begin – began – begun, usw.

So, und genauso kannst du dir Wörter einprägen, die ähnlichen Regeln folgen, wie zum Beispiel unregelmäßige Verben, die sich nicht verändern. Hierzu gehören zum Beispiel: put oder cut.

> Die Idee an dieser Technik ist also, dass du dir eine Geschichte ausdenkst, in der die Wörter vorkommen, die du lernen möchtest. Auch hier kannst du wieder gemeinsam mit deinen Freunden kreativ sein.

Alles klar soweit? Dann zum Schluss noch ein Tipp, wie du deine englische Aussprache verbessern kannst und die Angst vor dem aktiven Sprechen der englischen Sprache verlierst.

Lies dir jeden Tag zwanzig Minuten englische Texte laut vor. Außerdem kannst du dir Filme auf Englisch anschauen und einzelne Passagen daraus nachsprechen. Imitiere dabei auch den Akzent, also z.B. British English, American English oder Indian English.

Wenn du deine Englischkenntnisse ganz besonders schnell verbessern möchtest, kannst du auch nachts, wenn du schläfst, im Hintergrund englisches Radio laufen lassen. Hier gibt es eine App, die »Radio.de« heißt und wenn du dort zum Beispiel BBC Nachrichten anhörst, dann hast du die ganze Nacht über gesprochene englische Dialoge.

Alternativ kannst du natürlich auch englische Kurzgeschichten anhören, zum Beispiel als Hörbuch oder dir von deinen Eltern englische Gutenacht-Geschichten vorlesen lassen.

Abschließend sei noch einmal erwähnt, dass du die in diesem Kapitel beschriebenen Techniken auf alle anderen Sprachen anwenden kannst, die du in der Schule oder auch in deiner Freizeit lernen möchtest. Umgekehrt findest du in den anderen Kapiteln dieses Buches noch weitere wertvolle Tipps zur Optimierung deiner Englischkenntnisse.

KAPITEL 5

WIE DICH PHYSIK PLÖTZLICH MAGNETISCH ANZIEHT!

Physik ist so ein Fach, dass von allem etwas zu bieten hat und so natürlich auch von den Speedlearning Techniken alle Techniken in sich vereinen kann. Es gibt einfache Experimente, bei denen du aktiv etwas ausprobieren und die du zuhause mit deinen Eltern nachbauen kannst. Hinzu kommen nicht ganz so einfache Formeln, die du dir herleiten und merken musst und es gibt Bücher, die relativ dick sind und von vorne bis hinten mit scheinbar extrem wichtigen Informationen gespickt sind.

Zunächst ist jedoch wichtig zu wissen, dass Physik überall in unserem Alltag auftritt und das Wissen um physikalische Gesetze dazu beitragen kann, großen Schaden zu vermeiden oder bestimmte Tätigkeiten zu erleichtern.

Erinnere dich einmal an die letzte Fahrt im Schulbus. Sobald der Bus anfährt oder bremst, musst du dich festhalten oder sitzen, um nicht umzufallen. Beim Anfahren bzw. beim Bremsen des Busses wirken physikalische Kräfte. Finde mit deinen Freunden heraus welche.

Wenn man Kartoffeln kocht, setzt man sie mit kaltem Wasser auf und erhitzt das Wasser bis es kocht. Nudeln hingegen gibt man direkt in kochendes Wasser. Hier spielen physikalische Faktoren ebenfalls eine Rolle. Finde mit deinen Freunden heraus, wieso es sinnvoll ist, Kartoffeln mit kaltem Wasser aufzusetzen, anstatt sie wie Nudeln direkt in kochendes Wasser zu geben.

Der Bremsweg deines Fahrrads verändert sich je nachdem, ob die Straße trocken, feucht, nass, mit Blättern bedeckt oder vereist ist. Finde mit deinen Freunden heraus, welche physikalischen Gesetze hier beachtet werden müssen.

Wenn du im Alltag ganz bewusst darauf achtest, welche physikalischen Gesetze dir begegnen, dann wird es dir zukünftig leichtfallen, Physik zu begreifen.

Wir wollen jetzt den Physikunterricht etwas näher betrachten und kommen zum ersten Schritt. Solltest du in der Situation sein, dass du beispielsweise in die nächste Klasse versetzt wurdest und jetzt unglücklicherweise feststellst, dass die Leistung in Physik bisher unterirdisch waren und du leider gar keine Ahnung von dem hast, was du in den früheren Klassen gelernt hast, dann empfehle ich dir nochmal die Inhalte im Internet herauszusuchen, indem du eingibst: »Physik 5. Klasse Themen« und schaust, was dir Google an Material anbietet.

Es gibt da tatsächlich einiges zu finden und so gehst du dann Klassenstufe für Klassenstufe durch und wiederholst den Stoff nochmal anhand von YouTube Tutorials oder wendest dich gerne auch an unsere Speedlearning Online Schule, damit wir ein Erklärvideo für dich erstellen können, sofern wir es nicht ohnehin schon haben.

Mit diesem Vorwissen widmen wir uns nun deinem aktuellen Physikbuch und das Erste, was du tust, ist, es einfach einmal durchzublättern, von der ersten bis zur letzten Seite, ohne den Anspruch zu haben, irgendetwas zu verstehen und ohne dich ernsthaft auf den Inhalt zu konzentrieren.

Falls dir beim Durchblättern allerdings ein Kapitel auffällt, das dich besonders interessiert, dann darfst du selbstverständlich darin ein bisschen schmökern. Dennoch bleibt das Ziel, das Physikbuch innerhalb der nächsten halben Stunde komplett durchgeblättert zu haben.

So baust du eine liebevolle Beziehung zu diesem Buch auf und hast hinterher das Gefühl, es schon einmal komplett durchgelesen zu haben. Außerdem bleibt bei jedem Durchblättern immer etwas an Wissen in deinem Gedächtnis hängen.

Der nächste Schritt ist nun, dir mithilfe der Geschichtentechnik das Inhaltsverzeichnis deines Physikbuches zu merken und so die ersten Inhalte zu lernen.

Nehmen wir einmal an, dass es folgende Kapitel gibt:

1. Elektrischer Strom
2. Akustik
3. Optik
4. Kräfte und Bewegung
5. Magnetismus
6. Solarenergie
7. Wärmelehre
8. Radioaktivität und Kernenergie

Jetzt verbinde diese verschiedenen Kapitel zu einer Geschichte.

Zum Beispiel so:

Ein **Elektroauto** (elektrischer Strom) fährt **laut** hupend (Akustik) zu einem **Optiker** (Optik). Mit aller **Kraft** hebt der Optiker das Auto hoch und **bewegt** es durch seinen Laden (Kräfte und Bewegung). Seine Frau **mag** das gar nicht (Magnetismus). Sie geht raus in die **Sonne** (Solarenergie), weil sie die **Wärme** liebt (Wärmelehre). Draußen in der Sonne hört sie ein bisschen **Radio** (Radioaktivität) und isst Kirschen, deren **Kerne** (Kernenergie) sie durch die Luft spuckt.

Sobald du jetzt also die verschiedenen Themen des Physikunterrichts kennst, bittest du deinen Lehrer oder deine Lehrerin für jedes Thema um ein einfaches Experiment zum Nachmachen.

Hier ein paar Beispiele:

Strom mit einer Zitrone erzeugen
Material:
- 1 Zitrone
- 1 Eisennagel
- 1 Büroklammer
- 2 kurze Drahtstücke
- 1 Kopfhörer

Das Experiment:
Zuerst steckst du den Nagel in ein Ende der Zitrone und die Büroklammer in das andere. Das nennt man dann Elektroden. Jetzt befestige ein Stück Draht an jeder der beiden Elektroden. Wenn du nun die beiden freien Drahtenden miteinander verbindest, schließt sich der Kreis und es fließt Strom. Diesen Strom kannst du sogar hören. Dazu musst du

nur den Kopfhörer aufsetzen und die Drahtenden an jeweils einen Pol des Steckers halten, anstatt sie miteinander zu verbinden. Du solltest dann ein Knistern hören. Finde gemeinsam mit deinen Freunden heraus, warum so Strom erzeugt wird und wie das bei anderen Obst- oder Gemüsesorten ist, wie z.B. Orangen, Trauben, Äpfel oder Kartoffeln.

An unserer Speedlearning School findest du viele weitere spannende Experimente rund um das Thema Physik.

Doch wie geht es mit den Inhalten in deinem Physikbuch weiter? Du nimmst dir für jede Woche ein Thema des Buches vor, also zum Beispiel elektrischer Strom in der ersten Woche, Akustik in der zweiten Woche und Optik in der dritten. Dann fragst du in der jeweiligen Woche jeden Erwachsenen, der nicht schnell genug wegrennen kann, was er dir über das jeweilige Thema sagen kann.

- »Papa, was weißt du über elektrischen Strom?«
- »Mama, was weißt du über elektrischen Strom?«
- »Herr Briefträger, Frau Frisörin, Herr Polizist, Frau Kinderärztin – was wissen Sie über elektrischen Strom?«

Das machst du für jedes Thema eine Woche lang. Außerdem hörst oder schaust du dir YouTube Videos zu diesen Themen (im beschriebenen Fall zum elektrischen Strom) zum Beispiel morgens im Bad oder beim Frühstück an. So wirst du nach einer Woche mehr über das physikalische Thema wissen als 80% der Erwachsenen.

Vermutlich wirst du schon mehr wissen, als du in der Schule tatsächlich brauchst. Wichtig ist jetzt allerdings, dass du diese Informationen nicht einfach passiv, also untätig, konsumierst und auf dich wirken lässt, sondern dass du anderen Leuten erklärst, was du jetzt dazu gehört und gelernt hast.

Am besten machst du diese Übung mit ein oder zwei Freunden. Jeder schaut sich verschiedene Videos an und erzählt dann in der Schule, in der Pause, was er zu diesem Thema gelernt hat. Denn nur, wenn du tatsächlich etwas anderen erklären kannst, dann kannst du es auch wirklich verstanden haben.

Und erst dann, wenn du dich eine Woche lang mit diesem Thema beschäftigt hast, bearbeitest du dieses Kapitel in deinem Buch und du wirst merken, dass Physik plötzlich ziemlich einfach ist.

Doch wie verhält es sich mit abstrakten Formeln in der Physik, die einfach auswendig gelernt werden müssen? Auch hierfür gibt es eine Technik: Nehmen wir die bekannte Formel:

$$E = mc^2$$

Dann überlege dir für jeden Buchstabieren ein Tier oder einen Begriff, der in deinem Kopf ein Bild erzeugt und konstruiere daraus einen Merksatz.

Zum Beispiel:
»Erwin ist so stark wie die kleine Marie und die kleine Christine zusammen.«

Solche Merktechniken nennt man auch »Eselsbrücken«.

Hier sind noch ein paar Beispiele für weitere Eselsbrücken aus dem Fach Physik:

Frequenzbereich des menschlichen Hörens
20Hz bis 20kHz (20 Hertz bis 20 KiloHertz)

»Wer zwanzig Herzen schlagen hört, der hört auch 20 Kilo Herzen schlagen.«

Die Farben der Pole eines Magneten
  Rot   –   Norden
  Grün – Süden

So merkst du dir, welche Farbe zu welchem Pol gehört:
  Rot   –   NoRden
  GrÜn – SÜden

Der Unterschied zwischen konkav und konvex
»War das Mädchen brav, bleibt der Bauch konkav.
Hatte das Mädchen Sex, wird der Bauch konvex.«

Wenn du im Internet nach »Eselsbrücken« suchst, dann wirst du noch weitere Beispiele finden – auch für andere Unterrichtsfächer. Am besten ist es natürlich, wenn du dir eigene Merkhilfen ausdenkst – im Idealfall mit deinen Freunden gemeinsam.

Eine weitere Technik, die du natürlich im Physikunterricht fantastisch anwenden kannst, sind die Ankertechniken und die Wiederholungstechniken, die du noch in anderen Kapiteln finden wirst.

Außerdem kannst du, wie bereits erwähnt, physikalische Phänomene am besten durch kleine Experimente verstehen und lernen. Also schau, dass du möglichst viele verschiedene physikalische Experimente und Phänomene zuhause nachbauen und nachstellen kannst, damit du so eine Art kleiner Hobbyphysiker wirst.

Überlege dir zusätzlich, wie du Physik in anderen Lebensbereichen einbinden kannst, beispielsweise beim Entzünden eines Feuers, beim Kochen, beim Wechseln einer Glühbirne, beim Anschließen eines Wasserhahnes oder beim Öffnen einer kohlesäurehaltigen Flasche.

Zu guter Letzt: Sollte Physik dein größter Schwachpunkt sein, dann lies dein Buch laut für mindestens 20 Minuten vor dem Schlafengehen, nimm das Gesprochene mit deinem Handy auf und höre dir die vorgelesenen Inhalte dann beim Einschlafen in einer Art endlosen Schleife leise im Hintergrund an.

So kannst du den Schlaf nutzen, um ebenfalls physikalische Informationen und den Lernstoff aus dem Fach Physik in deinem Gehirn zuverlässig zu verankern.

KAPITEL 6

WIE DU ES IN CHEMIE RICHTIG KNALLEN LÄSST

Bevor wir nun konkrete Tipps zum Lernen der chemischen Elemente und der chemischen Reaktionsgleichungen angehen, möchte ich dir einen Spickzettel in deinen Kopf einbauen. Hierzu verwenden wir die sogenannte Baumliste.

Die Baumliste ist eine Lernhilfetechnik, eine Gedächtnistechnik mit deren Hilfe du Zahlen, die für dein Gehirn abstrakt sind mit konkreten Bildern, aus denen dein Gehirn eine Geschichte bilden kann, verknüpfen kannst.

Hierfür erstmal die Zahlen von eins bis zehn. Das erste Symbol auf unserer Baumliste ist der Baum. Nach diesem Baum wurde auch die Liste benannt. Der Stamm dieses Baumes sieht aus wie eine 1, sodass wir den Baum der Zahl Eins als Symbol zuordnen. Der 2 ordnen wir Zwillinge zu, weil Zwillinge immer zu zweit auftreten. Das dritte Symbol ist eine Kuchengabel, weil sie drei Zinken hat. Das Symbol für die Zahl 4 ist ein Auto, weil es vier Räder hat. Die 5 verknüpfen wir mit einer Hand, weil sie fünf Finger hat. Die Zahl 6 verknüpfen wir mit einem Würfel, weil er sechs Seiten hat. Die 7 erinnert uns an die sieben Zwerge, die wir aus dem Märchen »Schneewittchen« kennen, und deswegen ist der Zwerg das Symbol für die Zahl Sieben. Mit der 8 verknüpfen wir die Achterbahn, weil sie aussieht wie eine Acht. An die 9 erinnert uns der Griff eines Regenschirms, weil er unten geschwungen ist, wie eine Neun. Bei der Zahl 10 denken wir schließlich an die zehn Gebote und diese stehen in der Bibel, also ist die Bibel das Symbol für die Zahl Zehn.

Jetzt gehe diese Bilder noch einmal in Gedanken durch und überprüfe, ob du dich schon an die Zahlen erinnern kannst.
Für welche Zahl steht der Baum?
Die Kuchengabel steht für die Zahl?
Welche Zahl verbindest du mit der Hand?
Für welche Zahl steht der Zwerg?

Sehr gut! Schau mal, ob du die Liste allein aus deinem Gedächtnis abrufen kannst:
Für die 1 steht:
Für die 2 steht:
Für die 3 steht:
Für die 4 steht:
Für die 5 steht:
Für die 6 steht:
Für die 7 steht:
Für die 8 steht:
Für die 9 steht:
Für die 10 steht:

Prima, mache jetzt eine kurze Lesepause von zwanzig Minuten und wiederhole die Liste anschließend erneut. Wenn es dir nach zwanzig Minuten gelingt, dann bist du bereit für die nächste Übung.

So! Du konntest also jetzt nach zwanzig Minuten Pause diese Liste noch einmal aufrufen. Damit kommen wir zum nächsten Schritt und machen Folgendes: Ich stelle dir verschiedene Fragen zu den jeweiligen Symbolen. Bist du bereit?

Also, was braucht ein Baum im Sommer, wenn es richtig heiß ist, am dringendsten? Richtig, Wasser! Stelle dir vor, wie du diesen Baum mit richtig viel Wasser gießt.

Stelle dir als nächstes vor, dass die Zwillinge einen Luftballon in der Hand halten, der nach oben steigt. Womit sind diese Luftballons vermutlich gefüllt? Wie heißt das Gas, das die Luftballons aufsteigen lässt? Richtig, Helium!

Jetzt stelle dir einmal eine Kuchengabel vor, deren Griff batteriebetrieben ist, das heißt: Im Griff befindet sich eine Batterie, und wenn man einen Knopf drückt, dann bewegt die Kuchengabel von allein den Kuchen in deinen Mund. Das wäre doch eine großartige Sache und was glaubst du, aus welchem Material die Batterie besteht? Lithium, richtig!

Nun haben wir ein Auto und dieses Auto hat einen ziemlich sportlichen Motor. Wenn wir auf das Gas treten, dann klingt das nach »Berrryllium, Berrryllium, Berrryllium«.

Die fünfte Frage: Was machen denn kleine Kinder mit dem Finger in der Nase? Sie bohren, sehr gut!

So, nun haben wir einen Würfel, das sechste Symbol. Wenn du beim Würfelspiel ganz viel Geld gewinnst, dann hast du jetzt plötzlich viel Kohle. Kohle ist ein anderes Wort für Geld.

Dann denk noch einmal an Schneewittchen. Was ist mit Schneewittchen passiert? Genau, Schneewittchen ist erstickt. Ja, tatsächlich ist sie an diesem Apfelstück erstickt. Denn wäre sie vergiftet worden, dann wäre sie nicht wieder aufgewacht, nachdem das Apfelstück aus ihrem Hals wieder herausgekommen ist. Nur falls dich mal jemand fragt. Also Schneewittchen ist erstickt. Merke dir dieses Bild.

Als nächstes haben wir die Achterbahn. Ich weiß nicht, wann du das letzte Mal Achterbahn gefahren bist, aber als ich das letzte Mal auf einer Achterbahn war, da ist mir so schlecht geworden, dass ich unten am Ausgang Sauerstoff gebraucht habe.

Zusätzlich haben wir noch den Regenschirm. Stelle dir vor, dass du nach Hause kommst und einen nassen Regenschirm hast. Jetzt male dir aus, wie du ihn im Flur aufspannst, damit er dort trocknen kann.

Zum Schluss gibt es beispielsweise in Mainz das Gutenberg-Museum und dort findest du die Gutenberg-Bibel in einem Raum, der von Neonröhren beleuchtet wird.

Okay, jetzt schauen wir mal, ob du dir das schon alles merken konntest:

- Also, was braucht der Baum im Sommer?
- Was haben die Zwillinge in der Hand und was ist da drin?
- Was ist das Besondere an der Kuchengabel?
- Denke an das Auto - welches Geräusch erzeugt der Motor?
- Was hast du, wenn du im Würfelspiel viel Geld gewinnst?
- Wie kam Schneewittchen zu Tode?
- Was brauchte ich, als ich das letzte Mal Achterbahn gefahren bin?
- Wo spannst du deinen Regenschirm zuhause zum Trocknen auf?
- Was beleuchtet die Gutenberg-Bibel im Mainzer-Gutenberg-Museum?

Großartig! So, und jetzt kommt die Auflösung:

Wenn du alles wusstest oder vielleicht auch nicht alles aber sieben oder mehr Elemente, dann darfst du dir selbst gratulieren! Falls nicht, dann bleibe entspannt: Du darfst Fehler machen. Du darfst an einem Tag im Abstand von zwanzig Minuten fünfmal eine falsche Antwort geben oder etwas noch nicht wissen. Denn das Schöne an dieser Liste ist, dass du nicht nur weißt, was du schon kannst, sondern du weißt auch, wo noch deine Wissenslücken sind. Diese kannst du dann ganz gezielt nacharbeiten.

Erst wenn du nach fünf Tagen, bei vier Wiederholungen pro Tag, das Wissen immer noch nicht sicher abrufen kannst, dann überlege dir, welche Methode dir besser zum Merken des Wissens geeignet erscheint.

Das Vorgehen, mit der Baumliste etwas zu verknüpfen, kannst du übrigens bei allen anderen Fächern auch anwenden. Immer dann, wenn du dir zehn oder weniger Dinge merken musst, kannst du sie auf dieser Baumliste ablegen. Wobei wir im Laufe des Buches diese Liste noch auf 100 Symbole erweitern werden.

So, was hast du dir jetzt also gemerkt? Die Antwort lautet: Die ersten zehn chemischen Elemente nach Ordnungszahl. Gehen wir sie noch einmal durch:

1. Der Baum braucht Wasser, also denken wir an Wasserstoff, das chemische Element mit der Ordnungszahl 1.
2. Die Zwillinge haben mit Helium gefüllte Luftballons, und Helium hat die Ordnungszahl 2.
3. Die Kuchengabel wird von einer Batterie betrieben, die aus Lithium besteht und Lithium besitzt die Ordnungszahl 3.
4. Der Motor des Autos macht »Beryllium«. Beryllium hat die Ordnungszahl 4.
5. Das chemische Element mit der Ordnungszahl 5 ist Bor – genau, du erinnerst dich an die Kinder, die mit dem Finger in der Nase bohren.
6. Wenn man beim Würfelspiel viel Geld verdient, dann hat man viel Kohle. Kohlenstoff besitzt die Ordnungszahl 6.

7. Dann haben wir Schneewittchen, welches erstickt ist und Stickstoff hat die Ordnungszahl 7.
8. Ich brauche nach der Achterbahnfahrt Sauerstoff - Sauerstoff hat die Ordnungszahl 8.
9. Den Regenschirm spannen wir im Flur auf und Fluor besitzt die Ordnungszahl 9.
10. Zu guter Letzt wird die Gutenberg-Bibel von einer Neonröhre beleuchtet und wie du bereits weißt oder vermutest hat Neon die Ordnungszahl 10.

So, wie kann man sich jetzt die restlichen chemischen Elemente merken? Du wirst, wie bereits erwähnt, im Laufe des Buches diese Baumliste noch auf hundert Symbole erweitern. Eigentlich gibt es für diese Liste 1.000 Symbole, aber wir belassen es für dieses Buch einmal bei diesen 100.

Wenn du das Buch zu Ende gelesen hast, dann wirst du eine Liste von 100 Symbolen kennen, mit denen du dir dann wirklich alle relevanten chemischen Elemente oder auch andere Dinge der Chemie merken kannst.

Es gibt aber auch noch einen anderen, sehr lustigen Weg, um sich die chemischen Elemente sowie ihre Reaktionsvorgänge zu merken und hierzu nimmst du deine Klasse mit ins Boot: Nehmt so viele chemische Elemente, wie ihr Schüler in der Klasse seid und fragt euren Lehrer oder eure Lehrerin, welche die vierundzwanzig wichtigsten Elemente der Chemie sind, wenn ihr zum Beispiel vierundzwanzig Schüler seid. Dann bekommt jeder in der Klasse ein chemisches Element zugeordnet.

So, und jetzt wird es lustig, denn jeder soll sich dann informieren, was passiert, wenn man das chemische Element mit einem anderen chemischen Element verbindet.

Also zum Beispiel, du wärst Wasserstoff (H) und dein Sitznachbar ist Sauerstoff (O) und jetzt weißt du, dass, wenn es zwei von dir gäbe, du mit deinem Kollegen zu Wasser würdest (H_2O). Das macht eine ganze Menge Spaß und ihr könnt dann den Lehrer fragen, was zum Beispiel passieren würde, wenn sich der Andreas mit dem Markus zur Nathalie setzt, wenn deine Klassenkameraden denn so heißen.

Glaube mir, so macht das Lernen richtig Spaß! Übrigens spielt Chemie im Alltag ebenfalls eine sehr wichtige Rolle.

Hierzu zwei Beispiele:

Beispiel 1:
Besorge dir im Internet Samen des Wunderbaums »Moringa oleifera«. Beschaffe dir außerdem eine handelsübliche Cola. Zermalme die Samen mithilfe eines Mörsers und gib sie in die Cola. Kurz umrühren und dann die Cola drei Stunden stehenlassen. Finde anschließend gemeinsam mit deinen Freunden heraus, welche chemischen Vorgänge stattgefunden haben.

Beispiel 2:
Nimm sechs Bananen und teile sie in zwei Gruppen zu je drei Stück. Lege jede Gruppe jeweils in eine Obstschale und füge einer Gruppe zusätzlich noch einen Apfel hinzu. Beobachte, wie sich die Bananen innerhalb der nächsten Tage verändern und finde anschließend heraus, welche chemischen Prozesse dafür verantwortlich sind.[6]

---

6   Anmerkung: Wenn dein Papa die Bananen aufisst, handelt es sich nicht um einen rein chemischen Prozess!

Zum Schluss auch noch ein Beispiel für eine Eselsbrücke aus dem Bereich der Chemie: »**Ammoniak** ist ein stark stechend riechendes, farbloses und giftiges Gas mit der Summenformel **NH3,** das zu Tränen reizt und erstickend wirkt.«

Norbert heiratet **H**eidrun, die **3** Kinder hat. Die Kinder heißen **Am**elie, **Mon**ika und **Jak**ob. Jakob hat so starke Blähungen, dass diese zu Tränen reizen und erstickend wirken.

Prinzip verstanden? Prima! Ansonsten denke auch hier wieder daran, dass du in allen Fächern die Tipps anwenden kannst, die noch in den anderen Kapiteln stehen, wie zum Beispiel die Ankertechnik oder das Vermeiden des Vergessens.

KAPITEL 7
WIE DU DIR IN BIOLOGIE NIE WIE-
DER DIE BLÖSSE GEBEN MUSST

Wir kommen zu einer weiteren sehr schönen Technik, um sich In-formationen und Lernstoff zu merken, nämlich zur Körperliste. Die Körperliste merkst du dir sehr schnell anhand einer kleinen gymnastischen Übung.

Stelle dich jetzt einmal aufrecht hin, lege das Buch so hin, dass du es trotzdem sehen kannst und berühre einmal deine Füße. Dei-ne Füße sind der erste Punkt auf deiner Körperliste. Solltest du deine Füße bei durchgestreckten Knien nicht mit deinen Finger-spitzen berühren können, empfehle ich dir den Yoga-Kurs an der Speedlearning School.

Eine gute körperliche Beweglichkeit als Ausgleich zum vielen Sitzen in der Schule ist sehr wichtig, um Krankheiten zu vermei-den. Warum das so ist, lernst du unter anderem im Biologieunter-richt.

Gut, also die Füße definieren den ersten Punkt auf der Körperlis-te. Jetzt berühre als nächstes deine Knie. Diese bilden den zweiten Punkt. Der dritte Punkt auf deiner Körperliste sind deine Ober-schenkel und der vierte dein Gesäß. Berühre also zuerst die Ober-schenkel und dann das Gesäß, um die Punkte an deinem Körper zu verankern. Als fünften Punkt berühre bitte deinen Bauch. Als nächstes den Brustkorb, das ist der sechste Punkt auf deiner Körperliste. Die Schultern sind der siebte Punkt und dein Hals ist Punkt 8. Berühre die Stellen der Reihe nach, um sie zu verinnerlichen. Es bleiben noch zwei Punkte übrig. Die Nase ist Punkt neun und die Stirn ist der zehnte Punkt. Wunderbar!

Gehen wir die Körperliste noch einmal rückwärts durch:
Die Stirn
Die Nase
Der Hals
Die Schultern
Der Brustkorb
Der Bauch
Das Gesäß
Die Oberschenkel
Die Knie
Die Füße

Sehr gut!
So, und jetzt kannst du dir zum Beispiel Wissen aus dem Bereich der Biologie auf deiner Körperliste ablegen. Nehmen wir zum Beispiel einmal die Hirnnerven. Okay, davon gibt es zwölf, aber das macht ja nichts. Wir haben die Körperliste mit zehn Punkten und noch zwei Hände, so dass wir auf 12 kommen. Also schauen wir es uns mal an!

Der 1. Hirnnerv:
Denk an deine Füße und stelle dir vor, dass deine Füße ein bisschen stinken, also so richtige Käsefüße sind. Das nimmt wahrscheinlich der erste Hirnnerv wahr, nämlich der »nervus olfactorius«, der Riechnerv.

Der 2. Hirnnerv:

Deine Knie kannst du jetzt noch einmal berühren und dir dabei vorstellen, dass du sie anmalst, so dass sie aussehen wie Augen. Der zweite Hirnnerv ist der »nervus opticus«, der Sehnerv.

Der 3. Hirnnerv:

Weiter geht's zu den Oberschenkeln. Stelle dir einmal vor, dass im Sommer eine hübsche, junge Frau mit einem kurzen Rock durch die Straße läuft und in den Cafés verdrehen die Männer die Augen, weil sie ihr hinterhergucken. Dafür ist der »nervus oculomotorius« zuständig, der dritte Hirnnerv.

Der 4. Hirnnerv:

Der vierte Hirnnerv wird mit deinem Gesäß verbunden und heißt »nervus trochlearis«, der Rollmuskel. Stelle dir vor, wie du mit deinem Popo auf einer großen Rolle einen Berg hinunterrollst.

Der 5. Hirnnerv:

Der fünfte Hirnnerv ist der »nervus trigeminus«, der Drillingsnerv. Den kannst du dir ganz leicht merken. Stelle dir vor, dass du schwanger bist, also einen ganz dicken Bauch hast. Der Bauch ist ganz besonders dick, weil dort drei Babys auf ihre Geburt warten. Der Bauch ist die fünfte Stelle deiner Körperliste und der »nervus trigeminus«, der fünfte Hirnnerv.

Der 6. Hirnnerv:

Der sechste Hirnnerv ist der »nervus abducens«, der wegführende Nerv. Wir verknüpfen ihn mit dem sechsten Punkt auf deiner Körperliste, dem Brustkorb. Stelle dir vor, dass du Hosenträger anhast und jetzt nimmst du die Hosenträger auf Brusthöhe, führst sie von deinem Körper weg und lässt sie einmal so richtig schnalzen.

Ooohhh, das tut weh. Aber damit kannst du dir den »nervus abducens« merken.

Der 7. Hirnnerv:

Der siebte Hirnnerv ist der »nervus fascialis«. Stelle dir vor, dass auf deiner Schulter ein kleiner Zwerg sitzt und du bist so fasziniert davon, dass du es kaum glauben kannst. Also merkst du dir, dass der siebte Nerv der »nervus fascialis« ist.

Der 8. Hirnnerv:

Weiter geht es zum Hals. Der achte Hirnnerv ist der »nervus vestibulocochlearis«, ein ganz schön langes Wort. Wie man sich das alles merken kann, erzähle ich dir noch, aber erst einmal merken wir uns die Hirnnerven. Das ist der Gleichgewichtsnerv und wenn du deinen Kopf ganz schnell hin und her wackeln lässt, weil du deinen Hals ganz schnell drehst, dann verlierst du das Gleichgewicht.

Der 9. Hirnnerv:

Dann verknüpfen wir den neunten Hirnnerv mit der Nase. Der Name des Nervs lautet »nervus glossopharyngeus«. Glossa bedeutet auf Griechisch Zunge und Pharynx bedeutet Rachenraum. Der 9. Hirnnerv ist der Zungen- und Rachennerv. Stelle dir vor, dass du mit deiner Zunge bis ganz weit raus bis an die Nasenspitze kommst. Das funktioniert nur, wenn der »nervus glossopharyngeus« tatsächlich in Ordnung ist.

Der 10. Hirnnerv:

Jetzt kommen wir zum Hirnnerven Nummer zehn, dem »nervus vagus«, den wir mit der Stirn verknüpfen. Der »nervus vagus« ist der wichtigste Nerv der 12 Hirnnerven, weil er für so viele Funktionen in unserem Körper zuständig ist. Wir merken uns diesen Nerv sehr leicht anhand der Stirn, weil das sich dahinter befindende Gehirn auch das wichtigste Organ in unserem Körper ist. Das Gehirn ist das dominante Organ. Tja, und niemand soll es wagen, irgendetwas an deinem Gehirn anzustellen. Denn sonst vergisst du ja den ganzen Lernstoff und den Inhalt dieses Buches. Also wage es auch nicht, den »nervus vagus« mit etwas anderem zu verbinden als mit deiner Stirn.

Der 11. Hirnnerv:

So, damit ist die Körperliste mit Lernstoff belegt und jetzt haben wir noch die Hände frei. Diese brauchen wir, um uns die letzten beiden der zwölf Hirnnerven zu merken. Wir nehmen zum Verknüpfen des elften Hirnnervs die linke Hand und stellen uns vor, dass du da eine Uhr und ein Armbändchen oder Ringe trägst. Also befinden sich an deiner linken Hand Accessoires und so merken wir uns den »nervus accessorius« – den 11. Hirnnerv.

Der 12. Hirnnerv:

Zum Schluss ziehst du dir in deiner Vorstellung mit der rechten Hand deine Zunge ganz weit raus und merkst dir so den »nervus hypoglossus«.

Wiederhole diese Liste jetzt ein paar Mal, indem du die Körperliste durchgehst und überlegst, wie die Brücke vom Körperteil zum jeweiligen Hirnnerv war. Freue dich über alle Hirnnerven, die du schon zuordnen kannst und wiederhole die noch fehlenden viermal pro Tag im Abstand von 20 Minuten.

Falls du nach fünf Tagen immer noch nicht alle Hirnnerven vorwärts und rückwärts aufsagen kannst, dann überlege dir eine andere Brücke. Falls dir keine einfällt, melde dich bei mir.

Wenn du diese zehn Hirnnerven beherrschst, dann weißt du nicht nur, wie sie heißen, sondern auch welcher von ihnen welcher Nummer zugeordnet wird.

Außerdem passiert durch diese Übung noch etwas ganz Besonderes in deinem Gehirn, denn wir haben dein Gehirn jetzt neugierig gemacht auf dieses Lernthema. Die abstrakten Hirnnerven haben ein konkretes Bild bekommen.Immer dann, wenn du dir mit einer speziellen Lerntechnik Fachwissen merkst, dann wird dein Gehirn neugierig, sodass du auf jeden Fall mehr und leichter weitere Informationen zu diesem jeweiligen Thema lernen wirst.

Wenn du jetzt also an deine Füße denkst und an den Riechnerv, dann fällt es dir leichter, dir zusätzliche Informationen zum Riechnerv zu merken, weil du dieses Zusatzwissen ebenfalls mit deinen Füßen in Verbindung bringen kannst. Du kannst dir darüber hinaus eine kleine Geschichte ausdenken oder einfach weitere Informationen zum Hirnnerv automatisch abspeichern, denn jetzt ist dein Gehirn offen für weitere Lerninformationen zu diesem Gebiet. Die Neugier ist geweckt, du hast eine positive Emotion und das ist der Schlüssel zum guten Lernen.

Eine Sache habe ich noch vergessen. Ich wollte dir erklären, wie du dir Wörter wie »nervus vestibulocochlearis« merken kannst. Dies funktioniert am besten mit der Assoziationstechnik und diese erkläre ich dir in dem Kapitel »Wie du Latein zu einer lebenden Sprache machen kannst«. Also blättere einfach darin ein bisschen rum. Du kannst übrigens auch andere Lerntechniken aus anderen Kapiteln für den Bereich der Biologie verwenden.

Ein Tipp noch, weil es zur Biologie passt:

Lerne nach Möglichkeit niemals im Sitzen!

Okay, ich weiß, dass das in der Schule ein bisschen schwierig ist, weil du nicht die ganze Zeit durch das Klassenzimmer laufen kannst, aber tatsächlich gibt es für unser Gehirn nur zwei Gründe, warum wir uns bewegen. Na ja, vielleicht drei.

Erstens, weil wir auf der Flucht sind, oder zweitens, weil wir auf der Jagd sind. Okay, der dritte Grund ist, weil wir dringend auf die Toilette müssen, aber wenn wir uns hinsetzen, dann sagt unser Gehirn: »Okay, ich bin nicht auf der Flucht, ich muss auch nicht jagen und nach einem kurzen Check-in die Blase ist auch klar, dass ich nicht auf der Suche nach einem WC bin. Also ist alles in Ordnung. Somit kann ich in einen Ruhezustand gehen – auf Stand-by sozusagen.«

Wir sitzen also, um uns auszuruhen, und der Ruhezustand, in den sich dann unser Gehirn begibt, ist überhaupt nicht gut zum Lernen. Wenn wir uns bewegen, ist unser Gehirn aufmerksamer. Also bewege dich beim Lernen und das am besten barfuß. Denn wenn du dich barfuß bewegst, dann tastet dein Körper auch nochmal mit den Füßen den Boden ab, ob da irgendwelche spitzen Gegenstände oder schmerzhaften Oberflächen sind, über die wir uns gerade bewegen und so ist dein Geist auch nochmal wacher und aufmerksamer.

> Sorge außerdem dafür, dass du auf deine Ernährung achtest. Also wenig Zucker, wenn du lernst. Verzichte komplett auf Energy-Drinks oder Kaffee und außerdem solltest du immer gucken, dass du ausreichend Schlaf bekommst (ausreichend Schlaf bedeutet, dass du ohne Wecker aufwachst).

Ach ja, ein letzter Tipp noch: Wenn du etwas gelernt hast, dann lege nach dem Lernen eine Pause von zwanzig Minuten ein, in der du nichts tust, was dein Gehirn irgendwie beansprucht. Also weder etwas Neues lesen, noch etwas Neues lernen, aber auch Finger weg vom Smartphone und von der Playstation. Einfach nur eine Kleinigkeit essen, vielleicht ein bisschen Sport treiben, in die Natur gehen, Gespräche mit Freunden führen – irgendetwas, das dich entspannt. Aber nichts, was deinem Gehirn noch mehr Input bringt.

Am besten nutze die zwanzig Minuten, um jemandem anderen zu erzählen, was du gerade gelernt hast. Also probiere es aus und lass dich überraschen, wie gut du dir Dinge dann merken kannst. Biologie sollte jetzt kein Problem für dich sein!

KAPITEL 8

WIE DU IN GESCHICHTE GENAUSO GUT WIRST WIE JULIUS CÄSAR UND NAPOLEON

Im Kapitel über Chemie hast du schon die Baumliste mit den Symbolen von eins bis zehn kennengelernt. Ich möchte nun diese Liste ein wenig erweitern, damit du historische Jahreszahlen schnell und zuverlässig in deinem Gedächtnis abspeichern kannst. Es erfordert nun ein bisschen Fleiß, diese Liste zu verinnerlichen, aber auch hier werde ich dir eine gute Möglichkeit geben, wie du gehirngerecht und schnell diese Liste abspeicherst.

Zunächst einmal trainiere dein Gehirn bitte wie einen Muskel und vermeide es, dir die Dinge aufzuschreiben. Mache diese Übung hauptsächlich gedanklich. Erst wenn du wiederholt aus dem Gedächtnis die Informationen abrufen kannst, solltest du sie einmal aufschreiben und dann fünf weiteren Leuten im Abstand von jeweils einem Tag erklären.

Sobald du die Baumlisten-Symbole von eins bis zehn aus dem Kapitel Chemie vorwärts und rückwärts zuverlässig aufsagen kannst, bist du bereit für die Zahlensymbole von elf bis zwanzig. Für diese zehn Zahlen gibt es ebenfalls Symbole, die ähnlich wie bei den

Zahlen eins bis zehn, zumindest im deutschsprachigen Raum, einheitlich verwendet werden:

Das Symbol für die Zahl 11 ist ein Fußball, weil eine Fußballmannschaft aus elf Spielern besteht. Die Zahl 12 verbinden wir mit einem Geist, da um Mitternacht die Geisterstunde beginnt. 13 gilt vor allem bei abergläubischen Menschen als Unglückszahl, ebenso wie die schwarze Katze, weshalb wir sie der Dreizehn zuordnen.

Das Bild für die 14 ist ein Herz, weil am 14. Februar der Valentinstag ist, der Tag der Verliebten. Der Ritter steht symbolisch für die Zahl 15, denn das fünfzehnte Jahrhundert war das Mittelalter.

Als ich in deinem Alter war, durfte man mit 16 schon rauchen, sodass damals die Zigarette als Bild für diese Zahl verwendet wurde. Seit dem 1. September 2007 darf man in Deutschland erst mit achtzehn rauchen.

Tja, jetzt ist die Frage, ob du damit einverstanden bist, dass das Symbol für sechzehn eine Zigarette ist, weil jeder Schüler spätestens im Alter von sechzehn Jahren weiß, dass Rauchen ungesund ist. Da mir bisher keine bessere Symbolik für die Zahl Sechzehn eingefallen ist, nehme ich hier exemplarisch als Beispiel wieder die Zigarette und wir merken es uns in der Form, dass mit sechzehn jeder weiß, dass man das Rauchen besser vermeidet.

Alternativ könntest du dir merken, dass 16 eine Arkuskotangens-irreduzible Zahl ist, oder dass man unter bestimmten Umständen in Deutschland mit 16 heiraten bzw. in den USA den Führerschein machen darf. In der buddhistischen Mythologie hat die 16 die Bedeutung der 16 Gesetze. Vielleicht ist deine Hausnummer die 16 oder du hast mit 16 das erste Mal einen Delfin gesehen. Es gibt viele Möglichkeiten, die Zahlen mit Bildern zu verknüpfen. Ich bleibe in diesem Buch bei dem Bild der Zigarette.

Das Symbol für die Zahl 17 ist ein Kartenspiel, denn es gibt ein Kartenspiel, das Siebzehn und Vier heißt und auch bekannt ist als

Black Jack. Um 18 Uhr beginnt der Feierabendverkehr und es gibt jede Menge Staus auf den Straßen. Also verknüpfen wir mit der Zahl Achtzehn das Bild einer Straße. Zu Abend essen wir um 19 Uhr und somit bietet sich der Teller als Symbol für die Neunzehn an.

Zu guter Letzt nehmen wir die heilige Regel der Deutschen, dass man niemanden um 20 Uhr anrufen darf, weil sich alle Deutschen um diese Zeit die Tagesschau anschauen. Somit ist das Bild für die Zahl Zwanzig der Fernseher perfekt geeignet.

Fassen wir diese Symbole also noch einmal zusammen:
- Elf ein Fußball,
- zwölf ein Geist,
- dreizehn eine Katze,
- vierzehn ein Herz,
- fünfzehn ein Ritter,
- sechzehn eine Zigarette,
- siebzehn ein Kartenspiel,
- achtzehn eine Straße,
- neunzehn ein Teller und
- zwanzig ein Fernseher.

Lies dir diese Symbole genau durch und stelle dir die Bilder vor deinem inneren Auge so vor, wie du das schon bei den Zahlen von eins bis zehn getan hast. Wiederhole diese Liste während eines Spaziergangs oder in Bewegung in Gedanken. Führe diese Übung mental durch und schreibe nach Möglichkeit nichts auf.

Sobald du diese zehn Symbole dreimal hintereinander fehlerfrei wiederholen konntest, lege eine Pause von circa zwanzig Minuten ein und wiederhole anschließend nochmal die Zahlen von eins bis zwanzig mit Symbolen, ohne sie aufzuschreiben.

Wenn das gut klappt, dann bist du bereit für einen Besuch in meiner Wohnung, denn die Zahlen von einundzwanzig bis neunzig befinden sich auf einer Lociliste. So nennt man Listen, die man an bestimmten Orten erstellt. Hierzu suchst du dir verschiedene Räume und definierst dort im Uhrzeigersinn markante Punkte. Meine Locilisten befinden sich in meiner Wohnung. Aus diesem Grund lade ich dich jetzt zu mir nach Hause ein. Also, bitte Schuhe ausziehen und Hände waschen.

Gehen wir also davon aus, dass du die Zahlen und deren Symbole von 1 bis 20 nun beherrschst. Dann beginnen wir jetzt mit einer sogenannten Lociliste. Loci kommt aus dem lateinischen und ist die Mehrzahl von Locus, was Ort bedeutet und wir verknüpfen wie gesagt an verschiedenen Orten im Uhrzeigersinn zehn markante Punkte, die wir mit der jeweiligen Zahl verknüpfen.

In meiner Wohnung ordne ich die Räume den Zahlen folgendermaßen zu:

- Für **21** bis **30** das Wohnzimmer, weil wir hier abends zu **zweit** sitzen.
- Für **31** bis **40** das Kinderzimmer, weil wir es erst eingerichtet haben, seit wir zu **dritt** sind.
- Für **41** bis **50** das Büro, weil ich hier **vier** Tage pro Woche arbeite.
- Für **51** bis **60** die Küche, weil ich hier mit den **fünf** Fingern meiner Hände etwas zu essen zubereite.
- Für **61** bis **70** das Schlafzimmer, weil ich dort **sechs** Stunden schlafe.
- Für **71** bis **80** das Badezimmer, weil ich hier meine **sieben** Sachen richte.
- Für **81** bis **90** der Keller, weil ich **acht**geben muss, dass dort keine Spinnen reinkommen, denn meine Frau ekelt sich vor Spinnen.

Als nächstes legen wir jetzt also pro Raum eines Hauses zehn markante Punkte fest und verknüpfen sie mit der jeweiligen Zahl, indem wir uns gemeinsam diesen Gegenstand vorstellen. Das klingt im Moment vielleicht etwas kompliziert, aber wenn du die Liste komplett erstellt hast, wirst du feststellen, dass diese Technik sehr einfach und vor allem logisch ist und weil unser Gehirn Logik liebt, funktioniert sie auch besonders gut. Die nachfolgenden Abbildungen dienen zur Veranschaulichung der entsprechenden Räume. Schauen wir uns also nun in meiner Wohnung um:

Der Einrichtungsgegenstand, der für mich für die 21 steht, ist für mich eine massive Holztruhe, für 22 steht mein Telefon und für 23 ein alter Bauernschrank. Die Zahl 24 verknüpfe ich mit meinem Radio und 25 mit dem Laufstall unseres Sohnes. Für die 26 steht eine orientalische Lampe und für die 27 unser Sofa und für 28 das Bücherregal. Zu guter Letzt verbinde ich in meiner Vorstellung die 29 mit unserem Treppenhaus und die Zahl 30 mit unserem Hochzeitsbild.

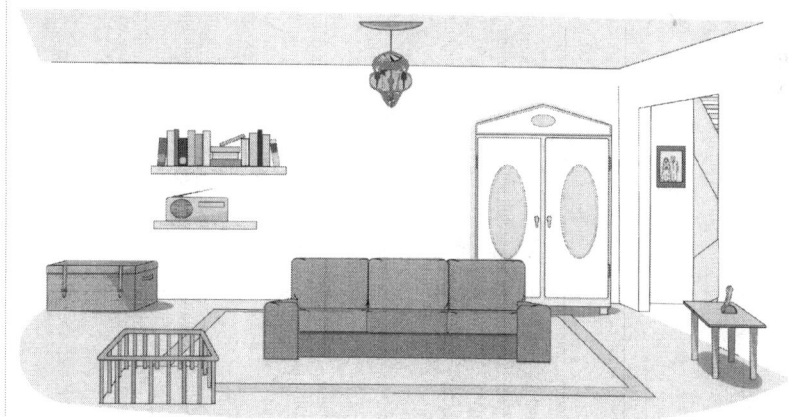

Abbildung 8.1: Wohnzimmer

Damit ich beim Suchen der verschiedenen Zahlen schneller an die entsprechenden Stellen in meinem Wohnzimmer gelange, ohne alle zehn Symbole der Reihe nach durchgehen zu müssen, stelle ich mir zusätzlich vor, dass diese Symbole auch in irgendeiner Verbindung zur Zahl stehen. So ist der Laufstall mit **fünf**undzwanzig in meiner Vorstellung etwas, in das ich meinen Sohn mit meinen Händen (jeweils fünf Finger) hineinstelle und so verknüpfe ich die Zahl fünfundzwanzig mit dem Laufstall zusätzlich mit der Symbolik für die Zahl fünf. Dass die **Vierundzwanzig** als Zahl mit dem Radio verknüpft ist, merke ich mir durch die Vorstellung, dass das Radio **vierundzwanzig** Stunden am Tag läuft. Die Zahl **Sieben** als Zahl mit der Couch visualisiere ich, indem sich sieben **Zwerge** auf die Couch setzen, so wie die Kindergartenfreunde meines Sohnes, wenn sie zu Besuch sind. Auf mein Bücherregal muss ich regelmäßig **achtgeben**, dass es nicht umfällt, also weiß ich, dass es für die Zahl **Achtundzwanzig** steht.

Gehen wir weiter. Die Symbole für die Zahlen 31 bis 40 finden sich wie erwähnt in dem Kinderzimmer meines Sohnes. 31 ist verknüpft mit Windeln, 32 mit der Wickelkommode, 33 mit einem Mobile, welches an der Wickelkommode hängt und an dem drei Plüschtiere vergnügt ihre Kreise ziehen. 34 verbinde ich mit dem Bild eines Heizstrahlers, welches vier Röhren hat. Nummer 35 ist verknüpft mit dem Kinderbett und ich nehme in der Vorstellung meine beiden Hände, an denen ich jeweils fünf Finger habe, um meinen Sohn aus seinem Bett herauszunehmen. Nummer 36 ist der Teddy meines Sohnes, 37 ein Sessel auf dem sieben Stofftiere sitzen, die sieben Zwerge, die nachts für schöne Träume sorgen. Nummer 38 ist das Fenster, weil ich achtgeben muss, dass das Zimmer ausreichend gelüftet wird und trotzdem nicht zu kalt ist. Das Symbol für die 39 ist eine Stehlampe und der Kleiderschrank ist das Symbol für die Nummer 40 in meiner Wohnung.

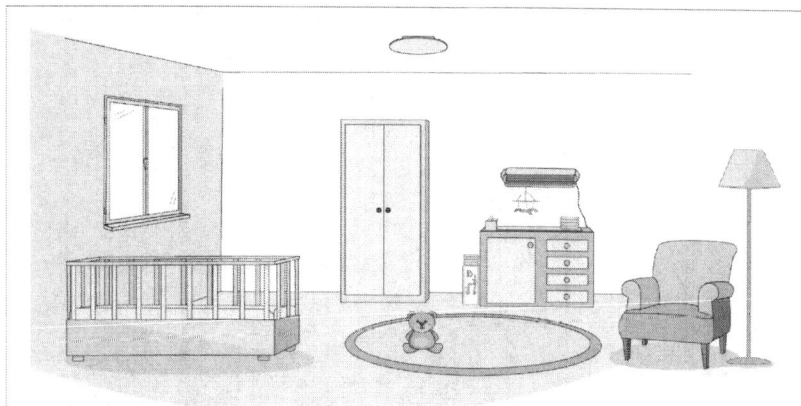

Abbildung 8.2: Kinderzimmer

Weiter geht es in meinem Büro. Wie gefällt es dir hier? Hier haben wir die Symbole für die Zahlen 41 bis 50. Mit der Zahl 41 ist mein Schreibtischstuhl verknüpft, weil ich dort allein draufsitze. 42 steht für meinen Schreibtisch, an denen ich mit meinen zwei Händen arbeite. Mit 43 verbinde ich meinen Laptop, 44 ist ein großer Wandkalender und 45 ist ein Stundenglas, also eine Glas-Sanduhr, die eine Stunde lang braucht, um den Sand von einer Kammer zu nächsten zu transportieren. Dieses Stundenglas drehe ich in Gedanken in meiner Hand um, mit meinen fünf Fingern. Der Heizkörper in meinem Büro steht für 46.

Frage mich nicht warum, aber als ich diese Liste erstellt habe, lag gerade die Badehose meines Sohnes im Büro und somit wurde diese kleine Badehose Symbol für die Nummer 47. Also sozusagen eine Zwergenbadehose. Nummer 48 ist verknüpft mit meinem Handy, weil ich abends achtgeben muss, dass das Akkukabel richtig angeschlossen ist, um am nächsten Morgen optimale Power zu haben. Nummer 49 wird abgedeckt durch das Handtuch, das für die Schwimmtasche bereitliegt und das letzte Symbol des Raumes ist ein sehr gemütlicher Schaukelstuhl, in dem ich meine Bücher lese und somit das Bild für die Zahl 50 (Ich hörte, dass man sich ab fünfzig wieder gerne in den Schaukelstuhl setzt).

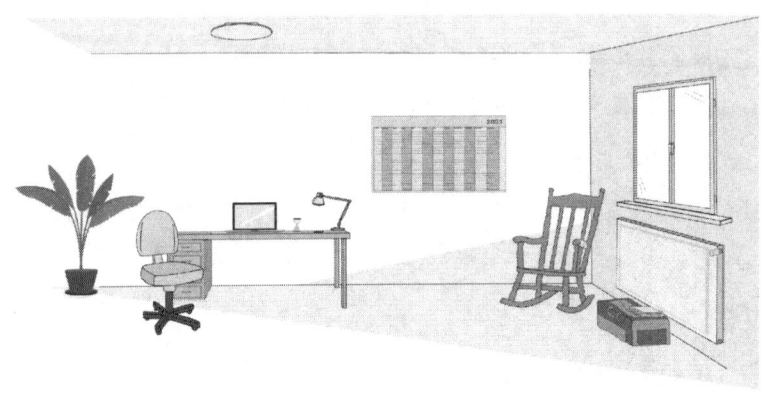

Abbildung 8.3: Büro

Der nächste Raum meines Hauses, in dem die Bilder für die Zahlen 51 bis 60 abgelegt sind, ist die Küche, weil ich dort mit meinen Händen (fünf Finger) Essen zubereite. Hierbei ist das Bild für die Zahl 51 der Kühlschrank, für 52 steht ein Eierkocher (zwei Personen in unserem Haushalt essen gerne Eier). Für 53 steht ein Kalender, in dem wir mit einem Kugelschreiber die Termine für drei Familienmitglieder eintragen. Nummer 54 ist die Spülmaschine, die 55 unser Hochleistungsmixer, den ich mit meiner Hand (fünf Finger) morgens betätige, um leckere Smoothies (siehe Schulküche der Speedlearning School) zuzubereiten. Für die Zahl 56 steht das Spülbecken und 57 ist der Wasserkocher, mit dem wir für unseren Sohn (der Zwerg der Familie) die Flaschen zubereiten. Nummer 58 ist ein Messerblock und das merke ich mir ganz leicht, indem ich daran denke, dass ich achtgeben muss, dass mein Sohn da nicht hin greift. Die Dunstabzugshaube steht für die Zahl 59 und der Backofen für 60, wobei ich mir hier vorstelle, dass die Hexe aus dem Märchen von Hänsel und Gretel im Alter von sechzig Jahren in den Ofen geschubst wurde.

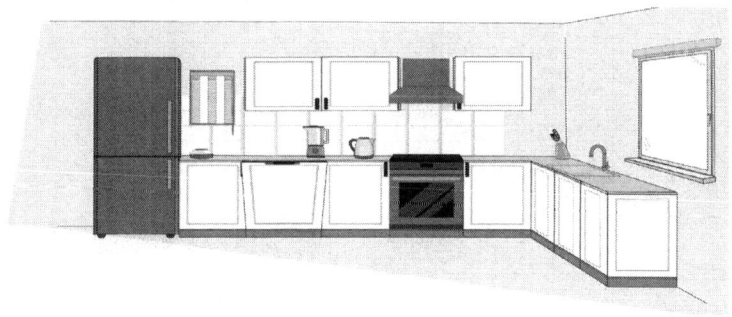

Abbildung 8.4: Küche

Alles klar soweit? Dann komm mit ins Schlafzimmer. Weil ich davon ausgehe, dass du schlau genug bist, das Prinzip zu verstehen, hier nur noch die Symbole. Du kannst sie dir auch auf den Zeichnungen entsprechend ansehen:

61 - ein Samuraischwert, das aussieht wie eine eins.

62 - ein Teppich

63 - mein dreiteiliger Anzug

64 - ein Spiegel

65 - ein Buch, das ich abends zum Lesen in die Hand nehme

66 - das Kopfkissen

67 - das Babyphone, damit wir nachts unseren Zwerg hören können

68 - mein Wecker, bei dem ich achtgeben muss, dass der von Winter auf Sommerzeit umgestellt wird und nicht umgekehrt

69 - mein Gürtel, der zusammengerollt im Schrank liegt, wie eine Neun

70 - meine Socken

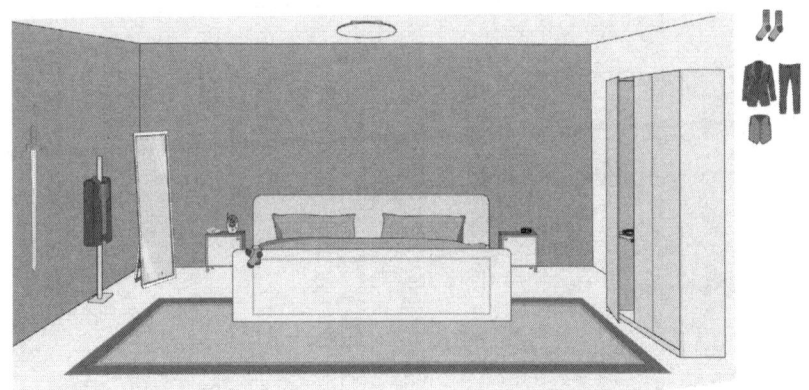

Abbildung 8.5: Schlafzimmer

Ab geht es ins Badezimmer:

71 - die Waage, da stellt sich immer nur eine Person drauf

72 - die Dusche, in der Mutter und Kind gerne gemeinsam duschen

73 - die Badewanne

74 - die Toilette

75 - der Wäschekorb, den ich mit meiner Hand hochhebe

76 - der Fön

77 - die Zahnbürste unseres Sohnes (Zwerg der Familie)

78 - mein Rasierer, mit dem ich achtgeben muss, um mich nicht zu schneiden

79 - der Deoroller

80 - der Bademantel

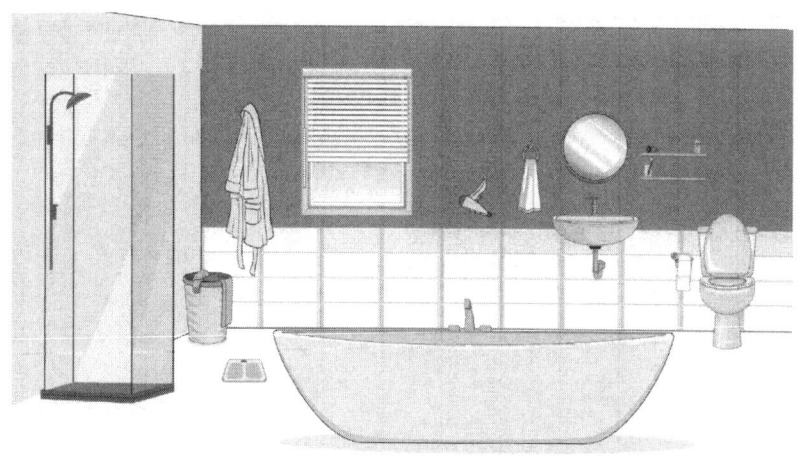

Abbildung 8.6: Badezimmer

Zum Schluss geht es runter in den Keller:
81 - eine Handtasche, wird über eine Schulter gehängt
82 - Schuhe, man braucht für ein Paar immer zwei
83 - ein Motorradhelm
84 - Skier, wenn ich mit meiner Frau im Winter in den Ski-Urlaub fahre, sind es vier Stück
85 - der Tretroller, an dem ich mich beim Fahren mit der Hand festhalte
86 - der Koffer
87 - ein Raclette, das unser Zwerg – ich meine damit unseren Sohn – liebt
88 - der Werkzeugkasten, bei dem ich achtgeben muss, dass er vollständig ist
89 - die Inline-Skates
90 - eine Flasche Wein, wobei du dir dabei bitte eine Flasche Traubensaft merkst, denn Alkohol hemmt die Lernleis-

tung deines Gehirns. Abgesehen davon dient der Konsum
des Alkohols in keiner Weise zur Leistungssteigerung.

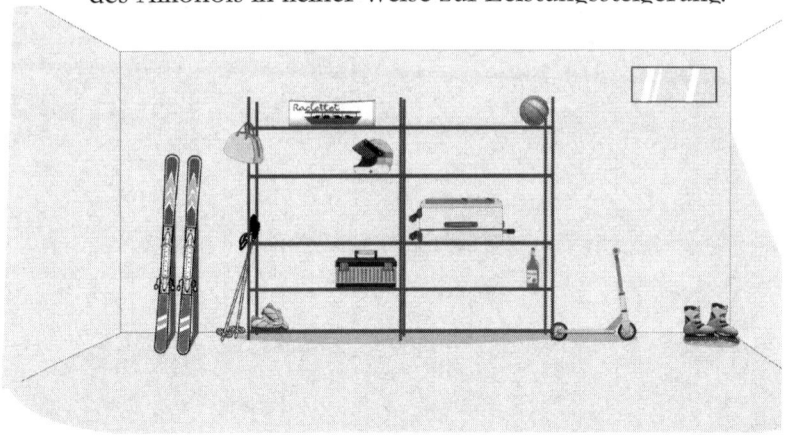

Abbildung 8.7: Keller

Um die einhundert zu vervollständigen, nehmen wir die Körperliste, die wir schon beim Unterricht zum Thema Biologie kennengelernt haben und verknüpfen die Körperstellen wie folgt:

91 - die Füße
92 - die Oberschenkel
93 - die Knie
94 - das Gesäß
95 - der Bauch, den ich mit meiner Hand nach dem Essen reibe
96 - der Brustkorb
97 - die Schulter auf dem ein Zwerg sitzt
98 - der Hals
99 - die Nase
100 - die Stirn

So, nimm dir jetzt einfach jeden Tag eine Liste mit zehn Symbolen
beziehungsweise einen Raum vor und wiederhole diese Räume so

lange, bis du dir alle hundert Symbole merken kannst. Selbstverständlich kannst du natürlich auch deine eigenen Räume nutzen und so deine eigene Liste erschaffen oder auch beide Möglichkeiten miteinander kombinieren, dann hast du nämlich eine noch größere Liste.

Auf dieser Lociliste kannst du jetzt zum einen Informationen und Sachverhalte ablegen wie z.b. Fakten und Wissen, welches aus dem Inhaltsverzeichnis deines Geschichtsbuchs besteht oder aus deinem Inhaltsverzeichnis der Bücher anderer Schulfächer.

Gleichzeitig hast du jetzt aber die Möglichkeit, Jahreszahlen ganz detailliert zu merken. Bevor ich dir das jedoch erkläre, noch ein Tipp, wie du dir elementare Themen im Geschichtsunterricht aneignen kannst oder dabei jede Menge Spaß hast.

Nehmen wir mal an, dass du im Laufe des Schuljahres Napoleon im Geschichtsunterricht durchnehmen wirst. Dann beschäftige dich eine Woche lang mit Napoleon. Frage jeden Erwachsenen, der dir begegnet, was er dir über Napoleon erzählen kann. Die meisten werden sagen, dass er in Korsika geboren wurde, französischer Kaiser war und ziemlich kleinwüchsig, und dass er am Ende in die Verbannung geschickt wurde. Vielleicht findest du auch jemanden, der dir noch etwas mehr erzählen kann und auch weiß, dass er einen Sohn hatte, mit dem er heute gemeinsam im Invalidendom in Paris wohnt. Aber die meisten werden vermutlich nur Basiswissen über Napoleon abrufen können.

Das bedeutet, du wirst ziemlich schnell merken, dass du innerhalb von einer Woche mehr über Napoleon wissen wirst als neunzig Prozent der Erwachsenen, die du kennst. Das gibt dir schon einmal ein gutes Gefühl und stärkt dein Selbstvertrauen.

Parallel zu den Interviews mit den Erwachsenen suche bei YouTube und anderen Videoplattformen nach Videos, die über Napoleon Bonaparte berichten und lasse diese morgens im Bad im

Hintergrund laufen oder höre sie dir an, wenn du mit dem Hund spazieren gehst oder auf dem Weg zur Schule bist. Überall dort, wo du WLAN oder ausreichend Netz hast, um diese Videos abrufen zu können. Schaue dir fünf verschiedene Berichte über Napoleon an. In Kombination mit den Fragen an die Erwachsenen wirst du feststellen, dass sich die Inhalte auf den verschiedenen Video-Kanälen ähneln oder vielleicht sogar komplett identisch sein werden. Somit kommt dir das Wissen, dass du beim dritten oder vierten Video hörst, schon sehr vertraut vor.

Der nächste Schritt ist nun, nachdem du eine Woche lang so viel wie möglich über Napoleon herausgefunden hast, den Inhalt deines Geschichtsbuchs durchzulesen und somit festzustellen, dass du bereits vieles von dem, was in deinem Geschichtsbuch über Napoleon steht, weißt. Mit großer Wahrscheinlichkeit kennst du dich sogar besser über Napoleon aus, weil du aufgrund der Videos, die du über z.B. YouTube angeschaut hast, ein weitaus breiteres Spektrum an Wissen erwirbst, als es der Schulbuchverlag für deine Schullaufbahn angedacht hat. Auch das steigert dein Selbstvertrauen.

Frage dann deinen Lehrer, ob du einen Vortrag über Napoleon halten darfst, um deine mündliche Note zu verbessern. Und nein, das ist keine Schleimerei, sondern einfach eine sinnvolle Persönlichkeitsentwicklung, weil du so lernst, Vorträge auszuarbeiten, vor einer Gruppe zu sprechen und Projektarbeit durchzuführen. Wenn du irgendeinmal berufstätig bist, wird dir das viele Vorteile bringen und die Menschen, die dich in der Schule als Streber bezeichnet haben, werden dann nur neidvoll zu dir aufblicken. An der Speed-learning School lernst du übrigens auch, wie du z.B. Erklärfilme oder Präsentationsvideos für einen Vortrag im Unterricht erstellen kannst.

Nun kommt jedoch der absolute Geheimtipp, wie du dir mithilfe der am Anfang des Kapitels vorbereiteten Liste die Jahreszahlen merken kannst. Bevor ich dir das verrate, prüfe noch einmal, ob du diese einhundert Symbole schon abrufen kannst. Falls nicht, mache jetzt eine Lesepause und beschäftige dich ein weiteres Mal mit diesen Symbolen. Falls ja, herzlichen Glückwunsch. Hier kommt der Geheimtrick:

Stelle dir vor, dass du dir die wichtigsten Jahresdaten rund um den Ersten und Zweiten Weltkrieg merken möchtest. Dann stelle dir folgendes Szenario vor:

Ich sitze beim Abendessen (Teller als Symbol für die 19, beschreibt neunzehntes Jahrhundert) und vergesse den Hochzeitstag (das Herz als Symbol für die Liebe, 14) und daraufhin bricht zwischen meiner Frau und mir der erste Weltkrieg aus. 1914 – Ausbruch des Ersten Weltkrieges.

Ich führe sie in das beste Restaurant der Straße aus (19 – Teller für das Restaurant, 18 die Straße) und der Krieg ist vorbei. 1918 – Ende des Ersten Weltkrieges.

Aber wir vertragen uns erst, als ich sie in ein »All you can eat«, also in ein Restaurant, in dem man so viel essen kann, wie man möchte, ausführe (Teller – 19, Teller - essen so viel man will) 1919 – Versailler Vertrag.

Ich setze nun als bekannt voraus, dass sich jetzt alles im 19 Jahrhundert abspielt , also konzentrieren wir uns auf die hinteren Jahreszahlen und verzichten auf das Symbol des Tellers.

1920, eine Gruppe lustiger Jungs schaut Filme auf Netflix an. Daraufhin sagen sie: »Filme auf Netflix anzugucken ist langweilig. Wir möchten etwas Aufregendes tun.« Deswegen gründen sie eine Partei. 1920 – Gründung der NSDAP. Aus meiner Truhe im Wohnzimmer (Symbol für die 21) steigt Adolf Hitler raus. 1921 – Adolf Hitler wird Vorsitzender der NSDAP. Im Radio höre ich, dass Hitler inhaftiert wurde. 1924 – Hitler kommt ins Gefängnis. Ich halte es für einen Aprilscherz, weil es am 1. April stattfindet. 1933 – Die Nazis kommen ins Kinderzimmer meines Sohnes und ergreifen das Mobile. Machtergreifung der Nazis. 1938 – Das Fenster im Zimmer meines Sohnes zerspringt mit einem Riesenknall – Reichskristallnacht, Reichspogromnacht. 1939, die Lampe im Kinderzimmer schaltet sich an, jetzt geht jedem ein Licht auf – Ausbruch des Zweiten Weltkriegs. 1944, ich sitze in meinem Büro und plane an meinem großen Kalender zusammen mit den Alliierten die Landung in der Normandie. 1945, die Sanduhr zeigt, dass die Zeit abgelaufen ist – Ende des Zweiten Weltkriegs. 1946, an meiner Heizung erhängen sich die Verurteilten der Nürnberger Prozesse. 1991, ich habe viele Jahre kalte Füße gehabt, die jetzt warm werden – Ende des Kalten Krieges.

Was jetzt passiert, ist wieder Folgendes: Du kannst nicht nur die Jahreszahlen hundertprozentig zuordnen, indem du diese symbolischen Verknüpfungen herstellst, sondern dein Gehirn entwickelt gleichzeitig eine große Neugier und die Bereitschaft, noch mehr Wissen zu den verschiedenen Ereignissen abzuspeichern.

Es verfügt jetzt schon über ein gewisses Grundwissen und beginnt, sich Fragen zu stellen. Es weiß, dass 1914 der erste Weltkrieg begann. Die Frage, die dein Gehirn jetzt unbewusst beantwortet haben möchte, lautet: Warum begann der erste Weltkrieg?

So, und dann kommst du zu einem Menschen, der in der Geschichte nie eine große Rolle gespielt hat, außer an einem Tag, nämlich zu

Gavrilo Princip, der Mann, der Erzherzog Franz Ferdinand damals erschossen hat und deswegen verantwortlich für die Welt ist, in der wir leben.

Mit Gavrilo Princip gehst du jetzt genauso vor wie mit Napoleon. Du fragst jeden, den du kennst, was er oder sie dir über Gavrilo Princip erzählen kann und guckst dir fünf Dokumentationen dazu an.

Beim Versailler Vertrag fragst du dich womöglich, was darin steht. Also, vier Dinge sind dort festgehalten. Dies kann man sich gut an den Himmelsrichtungen merken:

Im Norden sind die Menschen sehr freundlich und friedliebend. Sie mögen keine Waffen dort, also Entmilitarisierung Deutschlands.

Im Süden, da gab es früher Kolonien, die müssen abgegeben werden. Also Kolonien zurückgeben.

Im Osten, da sind die Leute immer froh (ich bediene hier einige Vorurteile), wenn sie Geld bezahlt bekommen. Also Reparationszahlungen für die Siegermächte. Der Westen möchte nie an etwas schuld gewesen sein, also bedingungsloses Schuldanerkenntnis Deutschlands für den Ersten Weltkrieg. Wir könnten stundenlang so weitermachen.

Eine kleine Anmerkung zum Schluss habe ich noch:

Bei Vorträgen an Schulen präsentieren mir Lehrerinnen und Lehrer oft ganz stolz den Merksatz »Drei drei drei – bei Issos Keilerei«. Schön und gut. Aber woher wissen wir jetzt, ob die Schlacht bei Issos im Jahr 333 vor oder nach Christus war? Wie merke ich mir, dass es 333 war und nicht 123 oder 753?

Besser wäre da: Alexander der Große nahm mit seiner Hand einen Fußball und legte ihn vor das Tor auf einen Perserteppich.

Dann stach er dreimal mit einer Kuchengabel in den Teppich und sagte laut: »So isses!« Die Schlacht begann.

Was wissen wir jetzt? Alexander der Große begann am 5. (Hand) November (11 = Fußball) im Jahr 333 (Kuchengabel) die Schlacht gegen die Perser bei Issos. Da der Ball VOR dem Tor liegt, ist es 333 vor Christus.

Die Merktechnik ist länger, beinhaltet jedoch alle wichtigen Informationen und weckt die Neugier stärker als die bloße Jahreszahl.

Du brauchst etwa 30 Minuten, um dir eine Eselsbrücke auszudenken, mit der sich jemand anderes in fünf Minuten den Lernstoff dauerhaft merkt. Wenn du mit drei oder mehr Freunden den Lernstoff aufteilst und jeder eine Merkhilfe ausarbeitet, dann vervierfachst du dein Lerntempo. Es lohnt sich und macht jede Menge Spaß. Außerdem trainierst du so deine Kreativität und dein Gehirn wird leistungsfähiger.

KAPITEL 9

WIE DU IN ERDKUNDE IMMER DIE ORIENTIERUNG BEHÄLTST

Für das Fach Erdkunde eignet sich die Geschichtentechnik in besonderer Weise, um sich Daten, Fakten und Zusammenhänge zu merken. Gleichzeitig ist Erdkunde auch ein Fach, das sehr gut dafür geeignet ist, um fachübergreifend zu lernen. Wie das im Detail aussieht, erkläre ich im späteren Verlauf des Kapitels. Jetzt geht es zunächst um zwei Beispiele zum Merken der Hauptstädte der Bundesländer in Deutschland und in Österreich.

Beginnen wir mit der ersten Geschichte!
Ein Mönch hat eine Stute im Garten. Die sah unter einer Brücke ein Fohlen und dachte sich: »*Das ist meins.*« *Das Fohlen wollte gerne auf einer Wiese baden, da dachte sich die Stute voller Ehrfurcht:* »*Och, drehste noch eine Runde auf dem Postdamm und schaust, ob es beim Bäcker frische Berliner gibt*«. *Als diese ausverkauft waren, dachte sich die Stute:* »*Ich mag die Burg sowieso viel lieber, denn da ist dieser heiße Hengst, dieser Hannoveraner*«. *Die beiden düsten ins Dorf, wo die Bremer Stadtmusikanten schwere Hamburger den Kilimandscharo hochschleppten.*

Was verbirgt sich nun hinter dieser Geschichte? Bestimmt hast du es dir schon gedacht: die Hauptstädte der deutschen Bundesländer. *Ein Mönch (München – Hauptstadt von Bayern) hat eine Stute im Garten (Stuttgart – Hauptstadt von Baden-Württemberg). Die sah unter einer Brücke (Saarbrücken – Hauptstadt des Saarlandes) ein Fohlen und dachte sich: »Das ist meins.« (Mainz – Hauptstadt von Rheinland-Pfalz). Das Fohlen wollte gerne auf einer Wiese baden (Wiesbaden – Hauptstadt Hessens), da dachte sich die Stute voller Ehrfurcht (Erfurt – Hauptstadt Thüringens): »Och, drehste (Dresden – Hauptstadt Sachsens) noch eine Runde auf dem Postdamm (Potsdam – Hauptstadt Brandenburgs) und schaust, ob es beim Bäcker frische Berliner (Berlin – Stadt gleich Bundesland) gibt«. Als diese ausverkauft waren, dachte sich die Stute: »Ich mag die Burg (Magdeburg – Hauptstadt von Sachsen-Anhalt) sowieso viel lieber, denn da ist dieser heiße Hengst, dieser Hannoveraner (Hannover – Hauptstadt Niedersachsens)«. Die beiden düsten ins Dorf (Düsseldorf – Hauptstadt von Nordrhein-Westfalen), wo die Bremer (Bremen – Hauptstadt des Bundeslandes Bremen) Stadtmusikanten schwere (Schwerin – Hauptstadt von Mecklenburg-Vorpommern) Hamburger (Hamburg – Stadt entspricht dem Bundesland) den Kilimandscharo (Kiel – Hauptstadt Schleswig-Holsteins) hochschleppten.*

Wenn du dir diese Geschichte einprägst, dann wirst du die Hauptstädte der deutschen Bundesländer nie wieder vergessen.

Doch wie macht man das? Zunächst einmal lernst du am besten in Bewegung. Laufe also durch die Gegend und rezitiere, also wiederhole diese Geschichte laut vor dich hin und verknüpfe damit ein konkretes Bild. Wie genau sieht zum Beispiel der Mönch aus? Welcher Pferderasse gehört die Stute an und was wächst alles im Garten, in dem sich die Stute befindet? Was für eine Art von Brücke ist es, unter der die Stute das Fohlen entdeckt, wie badet ein Fohlen auf einer Wiese, usw.

Wie schon früher erwähnt, läufst du am besten barfuß, denn zum einen ist deine Aufmerksamkeit und die Bereitschaft deines Gehirns in Bewegung erhöhter als im Sitzen und wenn du barfuß läufst, erhöhst du deine Aufmerksamkeit ein weiteres Mal. Welche Gründe es hierfür gibt, habe ich dir bereits in einem früheren Kapitel erklärt.

Sobald du diese Geschichte zu wiederholen beginnst, stellst du dir einen Wecker und nach exakt zwanzig Minuten beendest du die Lerneinheit. Dann beschäftigst du dich am besten mit etwas Entspanntem beziehungsweise mit etwas, das dein Gehirn nicht großartig beansprucht. Das könnte zum Beispiel Sport sein, eine Kleinigkeit zu Essen, Hausarbeiten, ein Spaziergang mit dem Hund oder irgendetwas anderes. Ganz wichtig: Finger weg vom Handy! Den Grund dafür hast du auch schon in den früheren Kapiteln gelernt.

Nach ungefähr einer Stunde oder etwas länger versuchst du diese Geschichte noch einmal aktiv zu reproduzieren, also aus dem Gedächtnis aufzusagen. Sobald du das Gefühl hast, die Geschichte vollständig zusammenzubekommen und dir alle sechzehn Hauptstädte aller Bundesländer merken kannst, schreibst du sie einmal auf. Alle Hauptstädte, die dir noch nicht einfallen, wiederholst du einfach und bemühst dich, das ansprechende Bild noch ein bisschen merkwürdiger werden zu lassen.

Also angenommen, du könntest dir Wiesbaden nicht merken, dann stellst du dir das Fohlen einfach nicht nur vor, wie es in der Badewanne auf einer Wiese sitzt und badet, sondern wie es dabei eine Bürste hat und wie es sich fleißig einschäumt. Vielleicht noch mit Badehaube und in Gesellschaft eines kleinen Quietscheentchens, das in der Badewanne herumschwimmt, während dieses Fohlen dabei ein lustiges Lied singt.

Auf diese Art und Weise widmest du mindestens zwanzig Sekunden deine Aufmerksamkeit der Verbesserung dieses mentalen Bildes und dadurch wirst du Wiesbaden mit Hessen als Bundesland leichter verbinden können.

Du kannst dir auch vorstellen, dass dieses Fohlen in der Badewanne sitzt und besonders hässlich ist oder etwas zu Essen im Maul hat. Hässlich oder Essen erinnern dich dann an Hessen. Nicht, weil in Hessen besonders viele hässliche Menschen etwas essen, sondern weil das »häss« von hässlich und das »Ess« von Essen in seinem Klang an Hessen erinnern.

Sobald es dir gelingt, die Geschichte einmal komplett vorzutragen, schlafe eine Nacht darüber und wiederhole sie am nächsten Tag nochmal. Wenn es dir an zwei aufeinander folgenden Tagen gelingt, diese Geschichte fehlerfrei aufzusagen, dann erkläre sie in der darauffolgenden Woche noch einmal an fünf aufeinanderfolgenden Tagen fünf verschiedenen Personen. Dann kannst du davon ausgehen, dass du diese Geschichte dauerhaft abrufen kannst.

Hier kommen noch zwei weitere Geschichten, anhand denen du die Übungen ausprobieren kannst:

> *Ein Wiener Würstchen klagte immer fort, dass die Tölpel Eisen statt Salz in die Burg streuten. Deshalb linste ein graziles Mädchen ins Brockhaus Lexikon und fand eine Brezel gänzlich zerbröselt.*

Das sind die Hauptstädte der österreichischen Bundesländer. *Ein Wiener Würstchen (Wien - Hauptstadt des österreichischen Bundeslandes Wien) klagte immer fort (Klagenfurt - Hauptstadt von Kärnten) die Tölpel (Sankt Pölten - Hauptstadt von Oberösterreich) Eisen statt (Eisenstadt - Hauptstadt des Burgenlandes) Salz in die Burg (Salzburg - Hauptstadt von Salzburg) streuten. Deshalb linste (Linz - Hauptstadt von Niederösterreich) ein graziles Mädchen (Graz - Hauptstadt von Steiermark) ins Brockhaus Lexikon (Innsbruck - Hauptstadt von Tirol) und fand eine Brezel gänzlich (Bregenz – Hauptstadt von Vorarlberg) zerbröselt.*

Ganz einfach, oder? Frag doch einmal zum Spaß die Erwachsenen um dich herum, ob sie die Hauptstädte der deutschen und österreichischen Bundesländer komplett aufsagen können. Falls nicht, erkläre ihnen diese Merktechnik.

Hier das nächste Beispiel zum Testen und Ausprobieren der Geschichtentechnik:

Auf einer roten Insel gibt es im Norden und Süden rote Karotten. Da lebt die jungfräuliche Mary mit ihrem George, der eine Verbindung, eine Connection, mit ihr eingehen möchte. Er schenkt ihr massenweise eingedellte Waren, die keinen Penny mehr wert sind. Aber sie möchte lieber einen neuen Hampelmann, einen neuen Yorkshire Terrier und ein Haus in New Jersey.

Die Auflösung: Hier handelt es sich um die Gründungsstaaten in den USA: *Auf einer roten Insel (Rhode Island), gibt es im Norden und Süden rote Karotten. (North und South Carolina), da lebt die jungfräuliche (Virginia – virgin = Jungfrau) Mary, (Maryland) mit ihrem Georg (Georgia), der eine Verbindung, eine Connection, (Connecticut) mit ihr eingehen möchte. Er schenkt ihr massenweise (Massachusetts) eingedellte Waren (Delaware), die keinen Penny mehr wert sind (Pennsylvania). Aber sie möchte lieber einen neuen Hampelmann (New Hampshire), einen neuen Yorkshire Terrier (New York) und ein Haus in New Jersey (New Jersey).*

Jetzt solltest du das Prinzip der Geschichtentechnik verstanden haben und so schenke ich dir zusätzlich noch eine Eselsbrücke, mit der du Artis und Antarktis in Nord- und Südpol unterscheiden kannst sowie an welcher Stelle die Eisbären und wo die Pinguine leben. Bist du bereit?

Das Wort »Arktos« bedeutet auf Griechisch »Bär« und so wurde der Nordpol Arktis genannt, weil er früher unterhalb des Sternbildes des großen Bären lag. In der heutigen Zeit liegt er unter dem Sternbild des kleinen Bären und am Nordpol wohnt der Bär – der Eisbär.

»Antarktis« heißt übersetzt »der Arktis gegenüberliegend« und bezeichnet somit den Südpol und dort wohnen die süßen Pinguine.

Alles klar soweit? Dann kommt die Abschlussfrage zu diesem Kapitel. Wie kannst du nun fächerübergreifend mit dem Erdkundewissen besonders gut arbeiten?

Zunächst einmal kannst du sämtliche Informationen, die es im Erdkundeunterricht zu lernen gibt, auch in verschiedenen Sprachen noch einmal vertiefen. So kannst du beispielsweise über das Internet Informationen über eine bestimmte Region oder über bestimmte geographische Besonderheiten auf Englisch, Französisch, Russisch oder weiteren Sprache immer vertiefen. Du hast die Möglichkeit, einen Aufsatz oder eine schriftliche Abhandlung über ein geographisches Thema im Deutschunterricht zu halten, zum Beispiel, wenn du oder deine Familie aus einem anderen Land als Deutschland stammst oder dich ein Land während eines Urlaubs besonders beeindruckt hat.

Du hast aufgrund der Grenzen, die auf der Welt gezogen wurden, zum Teil anhand von natürlichen Begebenheiten, wie Flüssen oder Gebirgen, zum Teil willkürlich durch lineare Striche auf der Landkarte, die Möglichkeit, Flächeninhalte von verschiedenen Ländern auszurechnen. Gebirgshöhen, Flusslängen und Tiefen von Meeren oder Seen.

Gleichzeitig hast du die Möglichkeit, dabei geschichtliche Aspekte zu berücksichtigen, weil sich die Geografie in den Ländern über die Jahrhunderte natürlich immer wieder verändert haben und das tatsächlich auch in der heutigen Zeit noch tun. Letzteres wäre dann ein Thema für Sozialkunde.

Chemische und physikalische Vorgänge erlebst du, wenn du dich mit Gesteinen oder Bodenbeschaffenheiten beschäftigst und Biologiewissen eignest du dir an, wenn du dich mit der entsprechenden Flora und Fauna einer bestimmten Region auseinandersetzt - also der Tier- und Pflanzenwelt.

KAPITEL 10

WIE DU IN SOZIALKUNDE IMMER DIE RICHTIGE WAHL TRIFFST

Sozialkunde ist ein Fach, in welchem es nicht nur darum geht, Dinge auswendig zu lernen, sondern tatsächlich auch Zusammenhänge zu erkennen und diese im Alltag richtig anzuwenden. Dieses Fach wird dir sehr dabei helfen zu verstehen, wie der Staat funktioniert und welche Rechte du in diesem Land hast. Beginnen wir mit einer einfachen Übung, anhand der du dir die Namen der deutschen Bundeskanzler seit Konrad Adenauer in der richtigen Reihenfolge merken kannst.

Dieser Merksatz lautet wie folgt:

> *Alle ehemaligen Kanzler bringen sonntags knusprige Semmeln mit Sesam.*

Wenn du jetzt nicht in Bayern wohnst, dann muss ich dir vielleicht noch kurz erklären, dass das Wort Semmel ein anderes Wort für Brötchen ist, und schon kannst du diesen Merksatz leicht anwenden.

Wiederhole ihn jetzt einfach ein paar Male, bis du diesen Satz korrekt in genau dieser Reihenfolge aufsagen kannst: *Alle ehemaligen Kanzler bringen sonntags knusprige Semmeln mit Sesam.*

Nun gehen wir die Anfangsbuchstaben der jeweiligen Wörter durch und verbinden sie mit den Anfangsbuchstaben der Nachnamen der jeweiligen Bundeskanzler:

Alle	=	Adenauer
ehemaligen	=	Erhard
Kanzler	=	Kiesinger
bringen	=	Brandt
sonntags	=	Schmidt
knusprige	=	Kohl
Semmeln	=	Schröder
mit	=	Merkel
Sesam	=	Scholz

Mit diesen Satz hast du jetzt also die Namen der verschiedenen Bundeskanzler auf dem Schirm. Wenn du jetzt kein Bild zu den jeweiligen Bundeskanzlern hast, dann schaue bei Google über die Bildersuche nach und schaue dir die Gesichter der verschiedenen Politiker einmal in Ruhe an.

Um die Namen den Gesichtern zuzuordnen, damit du sie im Rahmen von Dokumentationsfilmen oder auf Archivbildern wiedererkennst, eignet sich die Assoziationstechnik. Ich gebe dir ein paar Beispiele, du kannst dir aber auch eigene Merkhilfen ausdenken.

Schau dir also im Internet die Gesichter der jeweiligen Politiker an und suche nach einer Verknüpfung zur vorgeschlagenen Merkhilfe:

Adenauer:	Auf Konrads Nase pulsiert eine dicke Ader – das tut weh und er sagt »Aua«.
Erhard:	Ludwig, er hat einen großen Kopf, der steinhart ist.
Kiesinger:	Kurt Georg ist ein reicher Mann und hat viel Kies. Darüber freut er sich und wird vom Politiker zum Sänger.
Brandt:	Willy hat ein knallrotes Gesicht wie nach einem Brand.
Schmidt:	Helmut sieht aus wie ein Pferdefreund. Als Schmied sorgt er für gute Hufeisen.
Kohl:	Helmut – wie sein Vorgänger – hat einen großen Kopf, der an einen Kohlkopf erinnert.
Schröder:	Gerhard hat viele Falten im Gesicht, die er oft eincremen muss, damit sie nicht spröde werden.
Merkel:	Angela ist eine Frau, die ein bisschen ausgemergelt aussieht.
Scholz:	Olaf hat in der Mitte seiner Stirn keine Haare mehr, weil er so viel nachdenkt und darauf ist er stolz.

Wenn du ein bisschen an Politik interessiert bist, dann weißt du vielleicht, wie Angela Merkel aussieht, aber Gerhard Schröder ist vermutlich schon wieder ein Politiker, den du nicht so häufig gesehen hast, weil er einfach nicht mehr oft in den Medien zu sehen ist.

Der erste Schritt besteht also darin, den oben genannten Merksatz zu verinnerlichen. Der zweite Schritt ist, daraus die Nachnamen abzuleiten und ein Bild des jeweiligen Politikers dazu zu haben.

Du kannst die Namen auch bei Wikipedia heraussuchen und dir dann gleich die Vornamen merken. Das wäre dann: Konrad Adenauer, Ludwig Erhard, Kurt Georg Kiesinger, Willy Brandt,

Helmut Schmidt, Helmut Kohl, Gerhard Schröder, Angela Merkel und Olaf Scholz.

Während du dir die Vornamen und Bilder über das Internet heraussuchst, liest du bestimmt auch noch ein paar Informationen über die Politiker und findest dabei ganz spannende Dinge heraus. Zum Beispiel die Tatsache, dass Willy Brandt eigentlich gar nicht Willy Brandt hieß, sondern Herbert Frahm. Recherchiere, wie es dazu kam, dass er zu Willy Brandt wurde. Außerdem kannst du auch hier wieder alle Erwachsenen und sogar deine Lehrer der unterschiedlichen Fächer fragen, was sie über Konrad Adenauer und seine Nachfolger wissen.

Über diesen Merksatz und die Recherche, die du dann startest, bekommst du plötzlich viel mehr Wissen, als du es eigentlich in der Schule vermittelt bekommst. Wissen ist Macht – Nichtwissen macht schwach.

Im nächsten Schritt könntest du dir jetzt vornehmen, zu jedem einzelnen Bundeskanzler mithilfe der Informationen, die du dir über Wikipedia oder vielleicht auch bei YouTube Videos herausgesucht hast, einen fünfminütigen Vortrag zu halten.

Du wirst erneut feststellen, dass du mit dieser Technik schnell wieder mehr über die Bundeskanzler weißt als 90% der Erwachsenen um dich herum, obwohl die Erwachsenen mit Sicherheit noch Gerhard Schröder, vielleicht sogar Helmut Kohl und deine Großeltern sogar Helmut Schmidt kennengelernt haben. Trotzdem wissen sie nicht mehr so viel über sie wie du jetzt. Okay, es sei denn, deine Eltern sind politisch selbst aktiv. Dann werden sie über einzelne Personen sehr viel wissen.

Aber die Sache mit Herbert Frahm – lass dich überraschen.

Mit der Baumliste und der Locimethode, die du im Kapitel Geschichte gelernt hast, könntest du dir jetzt sogar noch die Regierungszeiten der jeweiligen Politiker merken.

Welche Bundeskanzler sitzen im Restaurant und welche vor dem Fernseher? Also welche haben im Jahr 19XX und welche im Jahr 20XX regiert?

Im Restaurant sitzen:

Konrad Adenauer (1949 – 1963):
Er liegt auf einem Handtuch am Strand neben einem Restaurant, als er gewählt wird und zieht sich zum Ende seiner Amtszeit einen Anzug an.

Ludwig Erhard (1963 – 1966):
Er beginnt seine Amtszeit in einem Anzug bei einem fürstlichen Abendessen in einem edlen Restaurant und am Ende seiner Amtszeit schläft er auf einem Kopfkissen im Bundestag.

Kurt Georg Kiesinger (1966 – 1969):
Er schläft gerade auf einem Kopfkissen am Tisch eines Restaurants, als er gewählt wird und als er seine Amtszeit beendet, nimmt man ihm seinen Gürtel weg, sodass ihm seine Hose herunterrutscht.

Willy Brandt (1969 – 1974)
Er bekommt den Gürtel von Kurt, damit seine Hose sitzt, während er das Restaurant betritt, als er gewählt wird und erfährt, dass er abgewählt wurde, als er gerade auf der Toilette sitzt.

Helmut Schmidt (1974 – 1982)
Er ist wiederum gerade auf dem WC des Restaurants, als er von seiner Wahl zum Bundeskanzler erfährt und nach seiner Amtszeit muss er seine Schuhe ausziehen und barfuß durchs Leben gehen.

Helmut Kohl (1982 – 1998)
Bei seiner Wahl trägt er viel zu große Schuhe und kann das Restaurant kaum betreten, wobei er ein bisschen wie ein Clown aussieht und am Ende seiner Amtszeit hängt man ihm einen Orden um den Hals.

Gerhard Schröder (1998 – 2005)
Er bekommt im Restaurant nach seiner Wahl einen Orden um den Hals gehängt und als er zuhause vor dem Fernseher mit seiner Hand in eine Schüssel Popcorn greift, erfährt er vom Ende seiner Amtszeit.

Vor dem Fernseher sitzen:

Angela Merkel (2005 – 2021)
Sie sitzt vor dem Fernseher und greift mit ihrer Hand in eine Schüssel Popcorn, als sie von ihrer Wahl zur Bundeskanzlerin erfährt. Am Ende ihrer Amtszeit telefoniert sie mit all ihren Freunden und vereinbart Termine zum Wandern in den Bergen.

Olaf Scholz (seit 2021)
Er ist gerade am Telefon, als er von seiner Wahl zum Bundeskanzler erfährt und wir werden aufmerksam verfolgen, wie er unser Land regiert.

Du merkst also, in dem Moment, in dem du anfängst, ein Thema auf eine unterhaltsame und abwechslungsreiche Art zu lernen, wird dein Gehirn offen für weitere Informationen, sodass es dir immer leichter fällt, das bereits vorhandene Wissen mit etwas Neuem zu verknüpfen.

Jetzt weißt du also, wie man sich die Bundeskanzler merken kann. Doch Wissen ohne praktische Umsetzung ist reiner Ballast. Aus diesem Grund wende diese Technik jetzt bei den deutschen Bundespräsidenten seit Theodor Heuss an und beeindrucke deine Mitmenschen:
- Theodor Heuss (1949-1959)
- Heinrich Lübke (1959-1969)
- Gustav Heineman (1969-1974)
- Walter Scheel (1974-1979)
- Karl Carstens (1979-1984)
- Richard von Weizsäcker (1984-1994)
- Roman Herzog (1994-1999)
- Johannes Rau (1999-2004)
- Horst Köhler (2004-2010)
- Christian Wulff (2010-2012)
- Joachim Gauck (2012-2017)
- Frank Walter Steinmeier (seit 2017)

Überlege dir jetzt also eine Technik, mit der du dir anhand der Merksatztechnik, denn so heißt die Technik, die wir gerade vorgestellt haben, die Bundespräsidenten merken kannst, mithilfe der Assoziationstechnik die Zuordnung zu den Gesichtern und anhand der Baum- und Lociliste ihre Regierungszeiten.

Ein weiteres wichtiges Thema im Sozialkundeunterricht ist die Gesetzgebung. Um ein Gesetz in Deutschland zu verabschieden, muss zuerst der Bundestag dem Gesetzesentwurf zustimmen, dann der Bundesrat und am Ende muss es vom Bundespräsidenten verabschiedet werden.

Nehmen wir zum Beispiel an, es würde jetzt ein neues Gesetz geben, das besagt, dass alle Schulen im Unterricht ab der ersten Klasse das Buch »Speedlearning für Schüler« und die darin beschriebenen Techniken verwenden müssen. Ein Gesetz, was mir persönlich gut gefallen würde.

Dann würde man **tag**süber auf **buntem** Papier über dieses Gesetz verhandeln oder vielleicht auch an einem Feier**tag**, denn das Gesetz muss durch den **Bundestag**. Du kannst dir auch vorstellen, dass es ein ganz **bunter Tag** ist, vielleicht ist der Himmel bunt angemalt, vielleicht sieht man Regenbogen; also zuerst geht man mit diesem Gesetzesvorschlag in den Bundestag.

Nachdem das Gesetz dort verabschiedet wurde, macht man eine Fah**rrad**tour auf **bunten** Fahrrädern und bespricht noch weitere Ideen zu diesem Gesetz. Es geht also durch den **Bundesrat**. Zum Schluss fliegt man nach Amerika und bittet den **bunt** angemalten **Präsidenten**, alle Gäste und das Gesetz zu verabschieden. Die letzte Instanz – der **Bundespräsident** – ist geschafft.

So, jetzt schnappe dir deine Freunde und entwickle Merkhilfen mit den bisher gelernten Techniken aus diesem Buch zu folgenden Themen:
1. Aufbau von Kommunalverwaltungen (Gemeinde, Verbandsgemeinde, Stadt usw.)
2. Minister der Bundesregierung und die jeweiligen Ministerien
3. Kompetenzverteilung zwischen Bund und Ländern bei der Gesetzgebung

Viel Spaß dabei und falls du irgendwo nicht weiterkommst, dann melde dich.

KAPITEL 11

SPEZIALKAPITEL: ANKERTECHNI-KEN, DIE NICHT NUR KAPITÄNEN GEFALLEN

Stell dir einmal ein normales Klassenzimmer vor. An der Tafel stehen noch mathematische Formeln aus der vorangegangenen Unterrichtsstunde. Links an der Wand hängt eine Weltkarte. Hinten an der Wand ein Bücherregal mit verschiedener Literatur berühmter deutscher Autoren und auf der linken Seite die Fenster, über denen ein paar Bilder von Bundespräsidenten hängen.

Nun betritt ein Lehrer das Klassenzimmer, den du sowohl im Französischunterricht als auch im Geschichtsunterricht hast. Woher soll dein Gehirn jetzt wissen, welches Fach gerade unterrichtet wird?

Später bist du dann zuhause in deinem Kinder- oder Jugendzimmer und sitzt am Schreibtisch. Vielleicht steht dort auch dein PC. An diesem Schreibtisch zockst du, schreibst Nachrichten und E-Mails, chattest, schaust dir Filme auf Netflix an, machst dort deine Hausaufgaben, gründest eine Schülerfirma und schreibst Liebesbriefe oder Postkarten an deine Oma.

Woher soll jetzt dein Gehirn wissen, womit es sich gerade beschäftigen und für welche der vielfältigen Aufgabenbereiche es gerade Energie investieren soll?

Siehst du, genau hier haben wir ein kleines Dilemma, also ein Problem oder um es positiv zu formulieren, eine kleine Herausforderung. Nun ich sag's mal so: Es gibt eine Lösung.

Um deinem Gehirn zu erklären, welches Fach gerade unterrichtet wird, ist es hilfreich, Anker zu benutzen. Ein Anker ist ein Reiz, der immer in Verbindung mit derselben Tätigkeit auftritt. Feuerwehrleute tragen zum Beispiel eine Uniform, wenn sie in den Einsatz gehen. Diese Uniform dient nicht nur der Sicherheit der Einsatzkräfte, sondern auch als mentale Fokussierung auf den Einsatz. Der Feuerwehrmann weiß, dass er, sobald er seine Uniform anzieht, 100% aufmerksam und fokussiert auf seine Arbeit als Feuerwehrmann sein muss. Der Karatekämpfer hat seinen Gi, so nennt man den Karateanzug, und ist 100% fokussiert, sobald er ihn trägt und ins Training oder einen Kampf geht. Der Schwimmer trägt eine Badehose und es gibt wenig andere Situationen, in denen er in einer Badehose rumrennt, außer im Schwimmbad. Also weiß er, dass jetzt gerade Schwimmen angesagt ist.

Du hast in der Schule auch solche Anker, beispielsweise wenn du im Sportunterricht bist. Du gehst in eine Umkleide, ziehst deine Sportsachen an und bist gedanklich in einer anderen Welt. Auch zum Chemieunterricht wirst du oft in einen anderen Raum gehen, genauso wie zum Musizieren oder bei einer Koch AG.

Im Privatleben kennst du ebenfalls entsprechende Anker, wenn du zum Zahnarzt gehst. Dieser klassische Geruch beim Zahnarzt erinnert dich an alle negativen und nicht ganz so negativen Erfahrungen, die du womöglich bei einem Zahnarzt gemacht hast.

Ein positiver Anker hingegen wäre der Geruch deines Lieblingskuchen, den du schon wahrnehmen kannst, wenn du bei deiner Oma den Flur betrittst. Was bedeutet das nun für deine schulischen Fächer?

Am besten wäre es, wenn du jedes Schulfach in einem anderen Raum unterrichtet bekämest, bei einem anderen Lehrer, der im Idealfall ein charismatischer hochmotivierter Experte seines Schulfaches ist. Also ein Musiker, der Musik unterrichtet, ein Mathematiker, der Mathematik unterrichtet, ein Wettkampfsportler, der Sport unterrichtet usw.

Und jetzt hättest du zum Beispiel einen Raum, in dem du immer nur vom charismatischen, hochmotivierten Mathematiker in Mathematik unterrichtet wirst und alles in diesem Raum sieht nach Mathematik aus: Geometrische Figuren, wohin das Auge schaut, binomische Formeln bis zum Abwinken und natürlich eine gehörige Portion karierter Blätter, die im besten Fall auch nicht einfach nur weiß sind, sondern eine dem Matheunterricht zugeteilte Farbe haben.

Außerdem hört man im Hintergrund eine bestimmte Musik, vielleicht Mozart, weil Mozart das rationale Denken anregt und so könnte man mit allen Sinnen, inklusive einer kleinen Duftlampe, die den Mathematikgeruch verströmen lässt, dieses Schulfach zu 100% effektiv unterrichten.

Danach gehst du in den Raum für Französisch, wo du nur Kontakt mit Französischem hast. Alles was du dort findest, ist auf Französisch, im Hintergrund werden Chansons leise abgespielt, es gibt diesen typischen Duft, du hast Blätter in der dem Französischunterricht zugeteilten Farbe und auch der Lehrer oder die Lehrerin sind ausschließlich für den Französischunterricht zuständig, heißen vielleicht sogar noch Madame oder Monsieur France.

Wie dem auch sei, wir beide wissen, dass die Realität an den Schulen eine etwas andere ist, aber zuhause hast du die Möglichkeit, dir solche Anker zu Nutze zu machen. Zum Beispiel, wenn du für jedes Schulfach einen anderen Ort suchst, an dem du die Hausaufgaben erledigst, und zwar idealerweise ein Ort, der mit keiner anderen festen Tätigkeit verankert ist.

Nimm dir als Beispiel den Esstisch. Dort sitzt du mit deinen Eltern und deinen Geschwistern. Du sitzt zum Essen immer am selben Platz. Du sitzt dabei nie auf dem Platz deiner Mutter oder deines Vaters. Also könntest du auf dem Platz deines Vaters einfach deine Mathehausaufgaben erledigen. Du bekommst dadurch einen anderen Blickwinkel in eure Wohnung und von daher würde dieser Platz als Ortsanker funktionieren. An dem Platz deiner Mutter kümmerst du dich dann um die Englischaufgaben. Und dann am Platz deines Bruders Geschichte usw.

Dann könntest du auch mit deinen Geschwistern vereinbaren, dass du in deren Zimmer ein bestimmtes Fach bearbeitest und für dieses Fach lernst, während sie jeweils umgekehrt dein Zimmer für eines ihrer Fächer nutzen können. Du könntest bestimmte Hausaufgaben auf dem Fußboden erledigen oder auf der Terrasse, auf dem Balkon, in einem Café, in der Bücherei eurer Schule, bei einem Freund, bei Oma im Garten oder in der Garage des Nachbarn. Tatsächlich wäre es so einfach, wenn die Kreativität da wäre. Oftmals ist es aber auch von der räumlichen Gestaltung etwas schwierig. Wenn du nur mit deiner Mutter allein in einer Einzimmerwohnung lebst, dann brauchst du eine andere Lösung.

Wenn du irgendwann mal eine Studentenwohnung hast oder vielleicht sogar die kleinste Einzimmerwohnung der Welt allein bewohnst, musst du ebenfalls kreativ werden, weil du ja auch in Zukunft von den Techniken, die du in diesem Buch lernst, profitieren möchtest, um für deine Ausbildung, dein Studium, deine berufliche Karriere und den Aufbau deiner eigenen Firma gewappnet zu sein. Worin besteht nun eine mögliche Lösung?

Du suchst dir weniger aufwändige Anker, die du zuhause verwenden kannst, zum Beispiel für jedes Fach ein bestimmtes Getränk, welches du sonst nie trinkst und das bitte koffeinfrei, zuckerfrei und alkoholfrei ist. Also eine kleine Auswahl an verschiedenen Tees zum Beispiel oder natürlichen Säften. Du könntest Instrumentalmusik im Hintergrund abspielen. Vielleicht Mozart für das eine Fach, Beethoven für das andere Fach und Klaviermusik von Ludovico Einaudi für das dritte Fach und Enya oder Rondo Veneziano für das vierte und fünfte.

Du könntest aber auch das Gelbe eines Überraschungseis nehmen und dort ein mit Parfum beträufeltes Taschentuch hineinstecken und so einen Duftanker für jedes Fach basteln. Dann beschriftest du dieses Ei mit dem jeweiligen Namen des Fach. Jetzt musst du nur noch während der Hausaufgaben oder beim Lernen das Ei des Faches öffnen und den Duft verströmen lassen. Du riechst an dem Ei und anschließend klappst du das Ei wieder zu, damit der Duft erhalten bleibt.

Am Abend vor einer Klassenarbeit legst du das entsprechende Ei geöffnet neben dein Bett, damit du im Schlaf noch einmal an das Gelernte erinnert wirst und kurz vor der Klassenarbeit nimmst du noch einmal einen tiefen Atemzug und aus dem Ei, achtest aber bitte darauf, dass dein Lehrer dich nicht erwischt, damit er nicht denkt du würdest schnüffeln.

Während der Klassenarbeit bleibt das Ei bitte auch in deiner Tasche, damit keiner denkt, du hättest darin einen Spickzettel versteckt.

So viel also zu den Ankertechniken. Du merkst also, es geht darum, in jedem Fach etwas Besonderes zu geben. Zum Beispiel auch verschiedenfarbige Blätter für die Hausaufgaben zu verwenden. Sprich aber so etwas vorher mit deinen Lehrern ab, damit sie wissen, warum das Ganze gemacht wird, und im besten Fall empfiehlst du den Lehrern dieses Buch zu lesen, damit sie gemeinsam mit dir gute Unterrichtskonzepte entwickeln können.

Gut, wie kannst du das jetzt alles konkret zum Lernen von Fremdsprachen wie Französisch einsetzen? Das erfährst du im nächsten Kapitel.

KAPITEL 12

WIE DU IN FRANZÖSISCH EINE KLEINE REVOLUTION BEGINNEN KANNST

Nachdem du vermutlich verschiedene Sprachen an der Schule lernst, kannst du die Anker aus dem letzten Kapitel natürlich auch derart verwenden, dass du spezielle Musik in der jeweiligen Sprache hörst, sei es französische Chansons für Französisch, englische Countrymusik für Englisch und Kirchenmusik für Lateinisch, Salsa Musik für Spanisch, russische Volkslieder für Russisch und italienische Popmusik für Italienisch. Du siehst, die Möglichkeiten sind grenzenlos.

Was außerdem beim Fremdsprachenlernen eine hilfreiche Technik ist, ist die sogenannte Assoziationstechnik, denn diese Technik eignet sich ausgezeichnet, um deinen Wortschatz schnell und zuverlässig zu erweitern. Es gibt zwei verschiedene Arten, wie man Vokabeln effektiv lernen kann. In diesem Kapitel wollen wir die Lerntechniken anhand der französischen Sprache demonstrieren.

Der erste Schritt besteht darin, dass du massenweise Vokabeln aufnimmst und am Ende abwartest, was davon hängenbleibt. Das kannst du machen, indem du das Vokabelverzeichnis deines Französischbuches durchliest und alle Wörter markierst, die du auf Anhieb verstehst oder zu verstehen glaubst, weil du Deutsch oder andere Sprachen kannst. Gleichzeitig kannst du zum Beispiel ein visuelles Wörterbuch verwenden. Ich empfehle die Ausgabe von Pons, um zu verschiedenen Bereichen ein großes Vokabular aufzubauen.

Alternativ bieten sich noch folgende Aktivitäten für massenweise Vokabular an:
- Nimm ein beliebiges Wörterbuch und lies einfach wild drauf los.
- Beschäftige dich viel mit der Sprache in Form von Selbstgesprächen.
- Schau dir Filme mit Untertiteln auf Französisch an.
- Besorge dir die Zeitschrift »Écoute« aus dem Spotlight Verlag.
- Lies einfache Leselektüre auf Französisch, wie zum Beispiel die aus dem DTV Verlag.
- Kauf dir am Bahnhofskiosk die »Le Monde« oder eine andere französischsprachige Zeitung.
- Besorge dir das Buch »Der kleine Prinz« auf Französisch.

Mit diesen Techniken bekommst du viele französische Vokabeln präsentiert, die dein Leseverständnis trainieren und verbessern.

Zur Verbesserung deines Hörverständnisses kannst du außerdem noch folgendes tun:

- Höre über die App »radio.de« französische Nachrichtensender, indem du sie morgens im Bad im Hintergrund laufen lässt, oder im Bus, auf dem Weg zur Schule oder beim Spaziergang mit dem Hund, bei Erledigungen von Hausarbeiten oder auch beim Sport.
- Wenn du im Moment im Französischunterricht nicht so gut bist, kannst du auch zusätzlich zum Einschlafen französische Hörbücher oder Podcasts hören und so noch mehr Input bekommen.

Was aber, wenn du ganz gezielt spezielle Vokabeln lernen musst? Wörter, die du partout (auch ein französisches Wort) nicht behalten kannst, du sie dir aber unbedingt merken musst. Hier gibt es drei verschiedene Wege, die etwa gleichermaßen effektiv sind.

Wir haben schon darüber gesprochen, wie man das Vergessen vermeidet. Das bedeutet, der erste Schritt bestünde darin, dass du ein Wort, welches du lernen musst, in einem Satz einbindest. Das machst du, indem du einen Satz bildest, in dem ein Wort vorkommt, welches du lernen musst.

Diesen Satz schreibst du auf und wiederholst ihn 20 Sekunden lang. Anschließend schreibst du ihn erneut auf, aber du schreibst ihn mit der nicht-dominanten Hand, also mit der, die du normalerweise nicht zum Schreiben verwendest. Wenn du also Rechtshändler bist, dann schreibst du den Satz mit links. Dann legst du eine Pause von 20 Minuten ein und stellst dir einen Wecker.

Nach diesen 20 Minuten schaust du, ob du diesen Satz aus dem Gedächtnis abrufen kannst. Falls ja, stellst du dir den Wecker auf vier Stunden, falls nicht, dann schreibst du diesen Satz mit einem Stift auf einen Zettel, den du in deine Hosentasche steckst und wartest weitere 20 Minuten. Du stellst dir also wieder einen Wecker.

Kannst du nach diesen 20 Minuten den Satz aus dem Gedächtnis abrufen, dann ist gut. In vier Stunden erfolgt dann die nächste Probe. Falls du ihn noch nicht kannst, schreibst du diesen Satz mit einem wasserlöslichen Stift (ganz wichtig: wasserLÖSLICH) auf einen Spiegel oder eine Fensterscheibe und wartest weitere 20 Minuten.

Du merkst also: Wenn einmaliges Aufschreiben noch nicht zum gewünschten Erfolg führt, dann wechsele jedes Mal beim Aufschreiben die Art und Plattform. Das praktizierst du im 20 Minutentakt. Einfach um das zu Lernende in den dem Gehirn entsprechenden Wiederholungsfrequenzen zu wiederholen.

Am Ende der Aufschreibrituale hast du diesen Satz
- mit rechts aufgeschrieben
- mit links auf einen Zettel geschrieben
- auf der Fensterscheibe verewigt
- dann vielleicht als WhatsApp einem Freund oder einer Freundin geschrieben
- usw.

Du wiederholst also einfach diesen Satz alle 20 Minuten, bis du ihn verinnerlicht hast und dann nach vier Stunden, dann nach einem Tag, dann nach einer Woche usw. Stell dir jeweils den Wecker und sobald du diesen Satz aus dem Gedächtnis reproduzieren kannst, gehst du in die nächste Runde der Vermeidung des Vergessens. Du verlängerst dementsprechend den Zeitraum, in dem du diesen Satz parat haben musst.

Für diese Technik nutzen wir die Tatsache, dass unser Gehirn ständig Wiederholungen braucht, um sich emotional wenig stimu-

lierende Inhalte dauerhaft zu merken. Emotional wenig stimulie-
rende Inhalte umfassen den Lernstoff, auf den wir eigentlich gar
keine Lust haben. Diesen merken wir uns am besten durch ständi-
ge, gebetsmühlenartige Wiederholungen.

Die zweite Technik ist das Lernen spezieller Vokabeln, die du unmittelbar für die nächste Klassenarbeit brauchst, oder die für dein
Leben wichtig sind. Wörter, die du zu einem bestimmten Zweck
wissen musst, und die du deswegen ganz gezielt aus dem Lehr-
buch oder aus einem Wörterbuch heraussuchst, fallen unter diese
Kategorie.

Hier nimmst du das Wort und überlegst dir, wonach es klingt.
Nehmen wir zum Beispiel das französische Wort »même«. Wir
wissen für den Moment nicht, was dieses Wort bedeuten könnte,
aber es klingt wie das »Mähen« eines Schafes. Nachdem wir jetzt
die Assoziation zwischen »même« und einer Schafherde hergestellt
haben, schauen wir nach, was dieses Wort auf Deutsch bedeutet
und stellen fest, dass es »gleich« heißt.

Also »gleich« im Sinne von »dem Gleichen oder dasselbe« und
wir verknüpfen damit die Vorstellung der Schafherde, weil alle
Schafe gleich aussehen. Also wissen wir, dass »même« »gleich« bedeutet.

Nehmen wir ein weiteres Wort »donner«. Wir wissen nicht, was
es bedeutet, aber es erinnert uns an den Donner. Jetzt schauen wir
uns an, was es aussagt und finden »geben« als deutsche Übersetzung. Also stellen wir uns vor, dass es donnert und der Donner uns
noch einen Blitz gibt. Der Donner gibt mir aber nicht nur einen
Blitz, sondern er gibt mir auch noch Regen und den Donnerstag.
Und wenn du in der Nähe von Kirchheimbolanden wohnst, dann
gibt er dir sogar noch den Donnersberg. Vielleicht passt dieses Bild
nicht so gut wie das Bild mit »même«, aber ich nehme an, dass du
das Prinzip verstehst.

Assoziation bedeutet, dass du durch den Klang des französischen Wortes ein Bild in deinem Kopf entstehen lässt und dieses Bild verbindest du dann mit der deutschen Übersetzung. Letztes Beispiel für die französische Sprache: Wir nehmen das französische Wort »encore«. Das klingt wie ein Anker und wir stellen uns nun einen Ankervor, den wir immer und immer wieder ins Wasser werfen, weil das Boot einfach nicht stehenbleiben möchte. »Encore« bedeutet: »wieder, erneut« und so merken wir uns mit dem Bild des Ankers die Bedeutung des Wortes »encore«.

Diese Techniken, die ich dir hier für die französische Sprache erkläre, kannst du natürlich ebenfalls wieder auf alle anderen Sprachen oder Fächer anwenden.

So und jetzt kommt die Geheimtechnik zum Lernen von Fremdsprachen. Die Technik, mit der ich meinen Kunden sehr schnell eine Sprache beibringen kann und hierbei handelt es sich um die Routentechnik.

Bei dieser Technik nimmst du beispielsweise deinen Schulweg und definierst auf diesem markante, also gutsichtbare, besonders deutliche und prägnante Stellen, die du dir gut merken kannst, z.B. eine Bushaltestelle, einen Briefkasten, eine Brücke, einen Zebrastreifen, eine Ampel usw. und dann nimmst du eine Liste mit französischen Verben, z.B. folgende:

- Je veux
- Je vois
- Je pense
- Je bois
- usw.

Nun durchlaufen diese Verben acht verschiedene Schritte:

Schritt 1:

Im ersten Schritt verbindest du jedes der Verben von dieser Liste mit einem Punkt auf deiner Route, z.B. »je veux« mit der Bushaltestelle (Merkhilfe: je veux = ich möchte – Ich möchte heute den Bus selbst fahren.), »je vois« mit dem Briefkasten (Merkhilfe: je vois = ich sehe – Ich sehe in den Briefkastenschlitz und entdecke darin einen kleinen Abenteuerspielplatz.), »je pense« mit der Brücke (Merkhilfe: je pense = ich denke – Ich denke dass die Brücke wackelt, wenn ich darüber laufe.), »je bois« mit dem Zebrastreifen (Merkhilfe: je bois = ich trinke – auf der Straße steht ein Zebra und trinkt eine Apfelsaftschorle), usw.

Schritt 2:

Im zweiten Schritt bildest du einen Satz, in dem dieses Verb vorkommt, wie zum Beispiel diese:
- Je veux parler français avec toi.
- Je vois Anna et Otto au restaurant.
- Je pense que c'est une bonne idée.
- Je bois un café avec du lait et du sucre.
- usw.

Schritt 3:

Im dritten Schritt formulierst du den Satz in der Negation, also als Verneinung:
- Je ne veux pas parler français avec toi.
- Je ne vois pas Anna et Otto au restaurant.
- Je ne pense pas que c'est une bonne idée.
- Je ne bois pas de café avec du lait et du sucre.
- usw.

Schritt 4:
Im vierten Schritt formulierst du den Satz in der Vergangenheits-
form, in etwa so:
- Je voulais parler français avec toi.
- J'ai vu Anna et Otto au restaurant.
- J'ai pensé que c'était une bonne idée.
- J'ai bu du café avec du lait et du sucre.
- usw.

Schritt 5:
Im fünften Schritt formulierst du einen Satz mit diesem Verb als
Frage:
- Qu'est-ce que tu veux ?
- Qu'est-ce que tu vois ?
- Qu'est-ce que tu penses ?
- Comment buvez-vous votre café ?
- usw.

Schritt 6:
Im sechsten Schritt formulierst du den Satz mit einem Nebensatz:
- Je veux parler français avec toi, puisque je veux améliorer
  mon français.
- Je vois que Anna et Otto sont déjà assis au restaurant.
- Je pense que c'est une bonne idée d'apprendre une nouvelle
  langue.
- Habituellement, je bois mon café avec du lait mais sans
  sucre.
- usw.

Schritt 7:

Im siebten Schritt überlegst du dir für jedes der Verben auf deiner Liste eine Gesprächssituation, in der du fünf Minuten lang ein Gespräch führen können möchtest. Hier ein paar Anregungen:

- Je veux parler français avec toi (Gespräch über das Lernen von Fremdsprachen).
- Je vois Anna et Otto au restaurant (Gespräche im Restaurant).
- Je pense que c'est une bonne idée (Ausflüge planen und durchführen).
- Je bois un café avec du lait et du sucre (Einladungen zu Familienfeiern).

Schritt 8:

Im achten und letzten Schritt überlegst du dir für diese jeweiligen Gesprächssituationen ein 15-minütiges Gespräch.

Wenn du für ca. 30 Gesprächssituationen ein 15-minütiges Gespräch führen kannst, dann hast du die französische Sprache gemäß meiner Definition so weit erlernt, dass du von dir behaupten kannst, sie fließend zu sprechen. Vielleicht ist die Grammatik noch ausbaufähig, aber Sprache unterliegt sowieso einem ständigen Wandel und in gesprochener Alltagskonversation wird die Grammatik toleranter verwendet als in schriftlichen Texten. Mittlerweile verwenden sogar Nachrichtensprecher die Grammatik fehlerhaft – wobei sich die Frage stellt, ob man dann überhaupt noch von fehlerhaft sprechen sollte.

Sollte Französisch zu den Unterrichtsfächern gehören, die dir aktuell noch Probleme bereiten, dann lies dir unbedingt auch die Tipps aus dem Kapitel »Wie es dir bei Englisch nie wieder die Sprache verschlägt« durch und wende sie an.

KAPITEL 13

WIE PLÖTZLICH ALLES MUSIK IN DEINEN OHREN WIRD

Bist du musikalisch? Ist deine Familie musikalisch? Spielst du ein Musikinstrument oder kennst du jemanden, der ein Musikinstrument spielt? Es ist egal, ob du ein Musikinstrument spielen kannst oder nicht. Es ist egal, ob du singen kannst oder nicht (wobei jeder singen kann; die Frage ist nur, ob jeder dabei zuhören kann).

Es ist völlig unerheblich, wie deine bisherige Beziehung zu Musik, Instrumenten, Noten, Liedern und Kompositionen bisher war. Es ist ebenso egal, ob du bislang Rockmusik, Schlager, klassische Musik oder Pop gehört hast.

Das Prinzip der Musik besteht darin, dass man versteht, wie sie funktioniert. Im Grunde genommen kannst du jedes Lied mit unterschiedlichen Instrumenten spielen. Manche Instrumente spielen eine Melodie, andere dienen eher der Begleitung von weiteren Instrumenten. So ist es zum Beispiel schwierig, auf einem Triangel (ja, es ist tatsächlich die männliche Form, also der Triangel) eine Melodie zu spielen.

Bei einem Klavier hingegen immer nur eine Taste zu drücken und somit als Hintergrundbegleitung zu einem Gitarrenstück zu fungieren, wäre auch ein bisschen langweilig und würde diesem wunderbaren Tasteninstrument nicht gerecht werden. Mit der Musik ist es wie mit der Malerei. Du solltest dich zuallererst auf das konzentrieren, worauf du am meisten Lust hast.

Nehmen wir einmal an, dass du gerne das Lied »Happy Birthday« auf einem Klavier spielen können möchtest. Dann bitte jemanden, der Klavier spielen kann, dir zu zeigen, wie das geht. Anschließend bitte jemanden, der Gitarre spielen kann, dir zu erklären, wie man »Happy Birthday« auf der Gitarre spielt. Dann frage jemanden, der Flöte spielt, wie man mit diesem Instrument »Happy Birthday« spielt und dann Geige oder Xylophon und so weiter.

Suche dir einfach ein Lied raus, das du kennst und welches einigermaßen kurz ist und lass dir von Leuten aus deiner Umgebung anhand von verschiedenen Instrumenten zeigen, wie man dieses Lied mit deren Instrument spielen kann. So verstehst du die Persönlichkeit eines Musikinstrumentes, indem du erkennst, ob es ein Zupfinstrument, ein Streichinstrument oder ein Tasteninstrument ist.

Es macht einen Unterschied, ob du etwas über ein Klavier hörst, oder ob du ein Klavier berührst, mit diesem Klavier durch die Berührung Kontakt aufnimmst und das Klavier zu einer Reaktion bringst. Ebenso ist bei einer Gitarre, bei einer Flöte, einer Geige oder einem Xylophon der persönliche Kontakt das Entscheidende, denn dieser hilft, die Musik zu verstehen und mit deinem ganzen Körper zu spüren.

Gut, jetzt hast du mit verschieden Musikinstrumenten Bekanntschaft gemacht und möchtest nun ein Instrument lernen, um dich noch intensiver Musik zu nähern. Meine persönliche Empfehlung: Entscheide dich am Anfang für ein Musikinstrument, das du immer bei dir haben kannst. Vielleicht ein Kazoo, das einfachste Musikinstrument, welches es gibt, oder aber eine kleine Flöte oder eine Mundharmonika (das ist mein Favorit).

Die Anschaffung eines solchen kleinen Instrumentes ist möglich, ohne viel Geld auszugeben und wenn du immer und überall spielen kannst, dann lernst du auch besser und schneller. Wenn deine Eltern ein bestimmtes Instrument favorisieren, z.B. Geige, Klavier oder Klarinette, dann tun sie das vermutlich, weil ihr durch die Fähigkeit, diese Instrumente zu spielen, einen bestimmten Status und Habitus pflegt. Außerdem helfen Musikinstrumente, die mit beiden Händen gespielt werden, dem Gehirn, effektiver zu arbeiten. Das liegt daran, dass beide Seiten des Gehirns gleichzeitig stimuliert werden.

Hole dir zu dem Musikinstrument, welches deine Eltern präferieren, noch ein kleines handliches zum immer dabeihaben. Langfristig wirst du ohnehin mehrere Instrumente ausprobieren und im Idealfall spielen lernen.

Während du dir von deinen Freunden und Bekannten oder Lehrern bzw. Familienmitgliedern erklären lässt, wie man ein Lied, das dir besonders gefällt, auf dem jeweiligen Instrument spielt, erkundige dich bei dieser Person auch gleichzeitig, was sie an diesem Instrument so begeistert. Lasse dich von der Begeisterung und von der Freude am Musizieren anstecken.

Es ist ein offenes Geheimnis, dass die Menschen, mit denen du dich umgibst, Einfluss auf dich haben. Je mehr Zeit du mit Menschen verbringst, desto mehr Einfluss können sie auf dich haben. Wenn du also in einem bestimmten Fach nicht so gut bist, wie du es sein möchtest und du dich in diesem Schulfach oder in dieser Disziplin verbessern möchtest, dann schaffe die richtige Umgebung dafür und suche dir Menschen, die dir dabei helfen können.

Angenommen, du möchtest deine sportlichen Fähigkeiten verbessern, dann verbringe mehr Zeit mit Sportlern. Lass dir von den Sportlern erklären, wie sie sich ernähren, wie sie trainieren, was sie an dem Sport begeistert.

Stellen wir uns mal vor, du möchtest deine musikalischen Fähigkeiten verbessern, dann verbringe mehr Zeit mit Musikern oder mit Menschen, die Musik lieben, und zwar Musik, die sie selbst erzeugen. Ein Lied anzuhören, hat nichts mit musikalischer Begabung zu tun. Ein Lied zu komponieren ist die Königsdisziplin der Musik. Ein Lied zu komponieren, was die Herzen der Menschen berührt, ist ein Schöpfungsprozess.

Das »Prinzip des Einflusses der Menschen um dich herum« kann man mit einer einfachen Regel zusammenfassen: Du bist der Durchschnitt der fünf Menschen, mit denen du die meiste Zeit verbringst. Ganz egal, wo du momentan im Leben stehst, wie deine Noten in der Schule sind, wie deine schulischen sowie privaten Kenntnisse und Vorlieben sind, du kannst es zu jeder Zeit dadurch ändern, indem du den Kontakt zu den Menschen um dich herum änderst. Wenn ein Mitschüler von dir in der ersten Klasse schon ein Instrument spielt, dann ist seine Familie vermutlich ziemlich musikalisch. Die Eltern werden mit sehr großer Wahrscheinlichkeit abends oder am Wochenende mit dem Kind gemeinsam musizieren. Da stehen Instrumente für jedermann griffbereit in der Wohnung.

Anders bei einer Familie, die sehr sportlich ist. Vermutlich gibt es einen Fitnessraum, der speziell eingerichtet ist oder die Familie legt besonderen Wert auf Gymnastik, Bewegungsaktivitäten und gestaltet auch das Wochenendprogramm dementsprechend sportlich. Auch kannst du dieses Prinzip, das deine Umgebung, dein Verhalten und deine Vorlieben beeinflusst, genauso auf das Kochen übertragen, auf deine Begeisterung für Fremdsprachen, auf deine Begabung beim Malen oder auch im Negativen auf deine Fähigkeit Autoradios zu stehlen oder Drogen zu nehmen. Der Einfluss deines Umfeldes beeinflusst dein Leben mehr als deine Gene.

Deswegen überlege dir immer sehr gut, mit wem du Zeit verbringst. Und wenn du das Gefühl hast, dass du viel Zeit mit Menschen verbringst, die dich nicht mehr weiterbringen, die dir nichts Neues beibringen können, die dich in deiner persönlichen Entwicklung hemmen oder dich vielleicht auf den falschen Pfad bringen, dann ändere dein Umfeld und dadurch ändert sich dein Leben.

Nachdem du dich also mit einigen Instrumenten beschäftigt hast und weißt, wie du dein spezielles Lied auf diesen Instrumenten spielen kannst, dann lass dir erklären, wie die Noten für dieses Lied aussehen. Wie also die Melodie in eine Notenschrift umgewandelt wird.

In der Schule lernst du normalerweise, umgekehrt die Musik zu erfassen: Erst mit dem Kopf und dann mit dem Herzen. Durch das Einüben von Liedern auf einem Instrument bekommst du aber erst ein Gefühl für die Musik. Bringst du dieses Gefühl anschließend über das Blatt Papier und die Noten in deinen Kopf, lernst du viel intensiver.

Wenn du jetzt also zum Beispiel Kazoo, Mundharmonika oder sogar ein größeres Musikinstrument lernen möchtest, dann überlege dir zunächst, welche Lieder du können möchtest und bittest dann deinen Musiklehrer oder die Person, die dir das Instrument beibringt, dir zunächst zu zeigen, wie du dieses Lied auswendig und nach Gehör auf dem Instrument spielen kannst. Erst danach lass dir erklären, wie die Noten dazu und die Akkorde wären.

Beim Einstudieren von Liedern auf dem Klavier oder einem anderen Instrument übe immer für 20 Minuten und mache danach eine Pause von 10-15 Minuten, in der du etwas tust, das dein Gehirn nicht belastet. Lerne ein Lied also immer in 20 Minuten-Übungseinheiten und egal, wie weit du dann bist, lege eine Pause ein. Nach der Pause kannst du eine weitere Trainingseinheit von 20

Minuten absolvieren, aber beschränke dich auf 20 Minuten, damit das Gelernte auch in deinem Gehirn abgespeichert werden kann.

Die letzte Trainingseinheit findet idealerweise vor dem Schlafengehen statt, so wie alles, was du intensiv lernen möchtest, am besten in den 20 Minuten vor dem Schlafengehen. Lerne so 5-10 Lieder auf dem Instrument und beschäftige dich dann mit dem Lernen von Noten und den Akkorden. Wenn du Noten lernst, kannst du dir eine Geschichte überlegen, die du mit diesen Noten verbindest.

Zunächst ordnen wir allen Noten ein Bild zu:

C	=	ein Clown (Was das ist, weiß jeder.)
Cis	=	ein Cistensängerzüchter (Cistensänger sind kleine Vögel.)
D	=	ein Dachdecker (der repariert Dächer)
Dis	=	ein Discjockey (legt die Musik in der Disco auf)
E	=	ein Elektriker (steht unter Strom)
F	=	ein Feuerwehrmann (löscht Feuer)
Fis	=	ein Fischer (fischt Fische)
G	=	Gärtner (gestaltet den Garten)
Gis	=	Gisantpfleger (Ein Gisant ist eine liegende Figur.)
A	=	Arzt (der gute Herr Doktor)
Ais	=	Aisverkäufer (der falsch geschriebene Bruder des Eisverkäufers)
H	=	Hundefrisör (ein sehr merkwürdiger Beruf)

Nehmen wir nun das Notenbild des Lieds »Happy Birthday«:

Abbildung 13.1: Notenbild für »Good Morning and Birthday Song«

Hier haben wir folgende Noten:

E, E, FIS, E, A, Gis

E, E, Fis, E, H, A

E, E, E', Cis', A, Gis, Fis

D', D', C', A, H, A

Eine mögliche Geschichte zu diesen Notenbild könnte sein:

E, E (zwei **Elektriker**) FIS (finden einen bewusstlosen **Fischer**), E (einer der **Elektriker**) A (ruft einen **Arzt**). (Dieser kann nicht mehr helfen und ruft einen) Gis (**Gisantpfleger**).

E, E (zwei **Elektriker**) FIS (finden einen bewusstlosen **Fischer**), E (einer der **Elektriker**) H (ruft einen **Hundefrisör**). (Dieser kann nicht helfen und ruft deshalb einen) A (**Arzt**).

usw.

Auch bei Akkorden kannst du dir Merksätze überlegen, bei denen dann z.B. Tiere die Hauptrolle spielen, um sie von der Notenliste unterscheiden zu können:

C (bestehend aus C, E und G) Chamäleons chatten mit Elefanten und Giraffen.

G (bestehend aus G, H und D) Giraffen galoppieren zu Hasen und Delphinen.

Am (bestehend aus A, C und E) Ameisen amüsieren Chamäleons und Elefanten.

F (bestehend aus F, A und C) Frösche fangen Ameisen und Chamäleons.

Jetzt kannst du dir die Abfolge der Noten und Akkorde merken und bist so in der Lage, überall deine Lieblingslieder zu spielen, unabhängig davon, ob du dein Notenblatt gerade zur Hand hast oder nicht.

Ich möchte dir noch zeigen, woran du erkennst, ob du schon die Liebe zur Musik in dir geweckt hast, denn jeden Tag bekommen Schüler und Schülerinnen auf der ganzen Welt Musikunterricht oder erlernen ein Instrument. Doch die meisten üben nur so viel, wie ihr Musiklehrer ihnen vorschreibt. Bei ihnen fehlt die Liebe zur Musik.

Hierzu zwei Beispiele:

1. Michaela lernt Klavier. Sie ist sehr fleißig. Sie hat zweimal pro Woche Klavierunterricht, übt zusätzlich jeden Tag eine halbe Stunde und am Wochenende jeweils noch eine Stunde. Hierbei studiert sie genau das, was der Klavierlehrer ihr an Hausaufgaben gibt und in der nächsten Woche, wenn sie wieder in den Klavierunterricht geht, dann kann sie das, was sie üben sollte, einwandfrei vorspielen. Der Klavierlehrer ist sehr zufrieden mit ihr und stolz auf sie. Aus Michaela wird aber nie eine leidenschaftliche Musikerin werden, weil sie nur genau das macht, was ihr gesagt wird.

2. Martin lernt Gitarre und hat zweimal die Woche Gitarrenunterricht. Er übt jeden Tag eine halbe Stunde und am Wochenende jeweils eine Stunde, so wie es sein Gitarrenlehrer ihm sagt. Wenn er die von seinem Musiklehrer vorgegebenen Übungen erledigt hat, dann experimentiert er noch ein bisschen auf der Gitarre, probiert neue Zupftechniken aus, informiert sich über zusätzliche Akkorde und lernt noch das ein oder andere Lied, was er bislang von seinem Musiklehrer noch nicht vorgestellt bekommen hat. Zum Geburtstag seiner Oma hat er sogar ein eigenes Stück auf der Gitarre komponiert. Sein Gitarrenlehrer ist begeistert und so motiviert, dass er ihm auch Tipps gibt, die er anderen Schülern nicht gibt. Seine Eltern sind sehr zufrieden, haben aber ein bisschen Angst, dass er irgendwann einmal professioneller Musiker wird und sein Geld auf Bühnen, in Kneipen und mit einer Band, die durch die ganze Welt reist, verdient, anstatt so wie sie es sich eigentlich wünschen

würden, zu studieren und einen bodenständigen Beruf zu erlernen.

Nun ja, Martin ist jetzt schon ein Musiker vom Herzen her. Sein Charakter ist der eines Musikers. Er brennt für die Musik und wird mit Sicherheit unabhängig davon, ob er irgendwann mal beruflich mit Musik sein Geld verdienen wird, ein Leben lang Spaß am Gitarre spielen haben und das eine oder andere Lied für Menschen, die ihm wichtig sind und die er liebt, komponieren.

Außerdem wird Martin beweisen, dass Musiker ein sehr bodenständiger Beruf ist, der in Zukunft noch gefragter sein wird, da man Musiker nicht durch eine künstliche Intelligenz ersetzen kann – ganz im Gegensatz zu Ärzten, Anwälten oder Mathelehrern.

Zum Schluss noch ein Tipp zum Trainieren deines Gehörs:

Höre dir verschiedene Musikinstrumente, Arien oder Operetten an und achte darauf, welches Bild in deinem Kopf entsteht. Worin besteht für dich der Unterschied zwischen einer Oboe und einer Klarinette? Wie unterscheiden sich Violinen vom Cello? Woran denkst du beim Klang eines Banjos im Vergleich zur Ukulele? Welche Arien machen dich fröhlich, welche nachdenklich oder hungrig? Welche Operetten hörst du zum Einschlafen und welche zum Wachwerden?

Höre in deinem Alltag den Vögeln zu und versuche, anhand des Gesangs die Vogelart zu bestimmen. Verbinde deine Augen und achte darauf, welche Geräusche du hören kannst. Laufe eine Stunde lang mit verbundenen Augen durch die Gegend und du wirst fasziniert davon sein, was plötzlich mit deinem Gehör passiert.

KAPITEL 14

WIE DU BEIM MALEN UND ZEICH-
NEN IMMER IM RICHTIGEN BILD BIST

Ich möchte dir eine kurze Geschichte erzählen. Als ich ungefähr in der siebten Klasse war, sollten wir ein Bild von einem brennenden Haus malen, das gerade von der Feuerwehr gelöscht wird. Nun war zu diesem Zeitpunkt in meinem Wassermalkasten die blaue Farbe leer, ich kam gerade, weil die Sommerferien gerade zu Ende waren, aus dem Urlaub in Kroatien und habe mich daran erinnert, dass das Wasser an der Adria (so nennt man das Meer in Kroatien) grün aussah. Also entschied ich mich, dass die Feuerwehrmänner aus ihrem Schlauch grünes Wasser in das brennende Haus auf meinem Bild spritzen sollten.

Meine Kunstlehrerin gab mir für mein Bild daraufhin die Note 4 mit der Begründung, dass Wasser blau sei (Anmerkung: In Deutschland ist die beste Note eine 1 und die schlechteste Note eine 6). Zuhause beschwerte ich mich bei meiner Mutter, die mir nur erklärte, dass ich einfach nur zu faul gewesen sei, um die blaue Farbe nachzukaufen.

So wurde ich zweimal an diesem Tag dafür kritisiert, das Wasser eines Feuerwehrschlauchs nicht mit blauer Farbe gemalt zu haben. Nun, war die Kritik seitens meiner Lehrerin oder meiner Mutter gerechtfertigt?

Zunächst müssen wir ein paar Sachen klarstellen: Wasser ist weder blau noch grün, sondern durchsichtig. Wasser hat de facto keine Farben. Ob das Wasser blau oder grün erscheint, wenn man zum Beispiel auf einen See oder ein Meer schaut, hängt einzig und allein mit der Reflexion des Lichts zusammen, aber nicht damit, dass Wasser eine Farbe hätte. Dreh doch einmal deinen Wasserhahn auf, dann stellst du fest, dass Wasser durchsichtig ist. Gut, also wäre das geklärt.

Der zweite Punkt ist, dass die Lehrerin nicht wollte, dass ich **mein** Bild male, sondern sie wollte ein Bild, das so ist, wie sie es sich wünscht. Ich sollte das Bild meiner Lehrerin malen.

Jetzt ist aber gerade das Fach Kunst ein Fach, in dem sehr viel Individualität möglich sein muss - theoretisch zumindest. Denn was tatsächlich passiert, ist, dass der Lehrer eine bestimmte Vorstellung von dem Ergebnis, das seine Schüler abliefern sollen, in seinem Kopf hat. Deswegen möchte er gerne, dass deine Leistung, also dein Erschaffen, dein künstlerisches Werk möglichst nah an seiner Vorstellung bleibt.

Wenn dir also dein Kunstlehrer das nächste Mal eine schlechte Note für deine Kreativität gibt, dann gibt es jetzt verschiedene Möglichkeiten damit umzugehen:
Zunächst einmal kannst du versuchen immer und immer wieder die Vorlieben deines Lehrers herauszufinden, um zu wissen, wie genau das Bild aussehen soll. Die zweite Möglichkeit bestünde darin, dass du die Meinung deines Lehrers komplett ignorierst und deiner Kreativität freien Lauf lässt, was im ungünstigsten Fall mit der maximal schlechtesten Note endet.
Sollte Kunst ein Fach sein, in welchem du besonders gut bist, hast du eine dritte Möglichkeit: Du kannst durch deine künstlerischen Fähigkeiten den Lehrer dermaßen beeindrucken, dass je-

der andere von diesem Bild oder dem Kunstwerk so begeistert ist, dass der Lehrer dir einfach eine gute Note geben muss. Und sollte der Lehrer es nicht tun, gehst du einfach zu zwei, drei anderen Kunstlehrern deiner Schule und bittest sie um eine Benotung deiner Arbeit.

Solltest du allerdings einigermaßen untalentiert, um nicht zu sagen so richtig schlecht oder grottenschlecht in Kunst sein, weil du nicht malen kannst oder möchtest, weil dir Kunst noch nie gefallen hat, oder weil du einfach besser darin bist, Dinge zu zerstören, anstatt sie zu erschaffen (was wirklich ein Jammer wäre), dann gibt es eine andere Möglichkeit für dich:

Gehe nach deiner Benotung mit deinem Kunstwerk zum Lehrer und bereite vorher Fragen vor, die ungefähr eine Stunde dauern, um beantwortet zu werden. Nimm dir also Zeit, um dein Kunstwerk zu analysieren und bitte dann deinen Lehrer um einen Termin, bei dem du ihn nochmals aufforderst, anhand deiner Fragen zu erklären, warum er zu dieser Benotung kam.

Also in meinem Fall hätte ich meine Lehrerin fragen müssen, warum sie mir eine vier gegeben hat. Ihre Antwort wäre gewesen, dass das Wasser blau sei. Dann hätte ich sie gebeten, den Wasserhahn zu öffnen und mir zu beweisen, das Wasser blau ist. Jetzt hätte sie mir aber gesagt, dass das Wasser auch nicht grün ist.

Im Anschluss hätte ich noch gefragt, ob sie schon einmal in Kroatien am Meer gewesen sei, hätte ihr ein Foto von einem See oder einem Meer gezeigt, bei dem das Wasser grün erscheint. Ich hätte ihr Fotos von Feuerwehrleuten präsentiert, die einen Brand löschen, um zu zeigen, dass das Wasser bei einem Feuerwehrschlauch ebenfalls nicht blau ist.

Danach hätte ich sie gefragt, ob ihr ansonsten die Farbe für ein bestimmtes Element, das eigentlich keine Farbe hat, wichtig ist. Ich hätte sie gebeten, die künstlerische Freiheit zuzulassen und mir die Möglichkeit zu geben, Wasser so zu interpretieren, wie ich es empfinde. Das Feuer hätte ich als wärmend und nicht als bedrohlich aufzeigen können. Außerdem hätte ich das Haus als sicher und nicht als einsturzgefährdet zeichnen können.

Ich hätte sie fragen können, ob es ihr wichtig ist, dass bei einem brennenden Haus die Menschen in dem Haus ängstlich aussehen oder man ihnen auch unterstellen könnte, dass sie Spaß an diesem Abenteuer haben, weil es Teil eines Feuerwehrübungsprojektes ist usw.

Was ich damit sagen möchte, ist: Überlege dir Fragen, die du deiner Lehrerin oder deinem Lehrer stellst und für deren Beantwortung sich diese Personen mindestens eine Stunde Zeit nehmen muss, damit sie sich beim nächsten Mal überlegt, ob sie wieder eine schlechte Note gibt. Denn noch einmal, ich kann es gar nicht oft genug betonen:

In vielen Schulfächern ist die Note von der persönlichen Meinung des Lehrers abhängig und wenn dein Lehrer plötzlich feststellt, dass es für ihn sehr anstrengend ist, wenn er dir eine schlechte Note gibt, wird er, um diese Anstrengung und diesen Stress sowie die nächste Fragestunde zu vermeiden, eine bessere Note geben als er es unter anderen Umständen vielleicht täte. Dieses Prinzip gilt übrigens nicht nur für den Kunstunterricht, sondern für alle anderen Fächer, in denen du das Gefühl hast, dass der Lehrer nicht objektiv, also neutral und aufgrund von klar vorgegebenen Lösungen deine Note berechnet, sondern aufgrund einer persönlichen Meinung.

Nehmen wir ein anderes Beispiel: Du baust im Kunstunterricht eine Burg oder einen Vulkan. Auch hier hat der Lehrer ein bestimmtes Bild und gibt dir vielleicht sogar eine bestimmte Vorlage, die du abzeichnen sollst. Hier stellt sich ebenfalls die Frage, wie viel künstlerische Freiheit du hast.

Kläre also im Vorfeld ganz genau ab, was der Lehrer ganz genau möchte. Je mehr du dem Lehrer auf hohem Niveau (das ist wichtig) auf die Nerven gehst, je anspruchsvoller eine Benotung deiner Arbeit für den Lehrer wird, wenn sie schlechter als 3 ist, desto mehr wird dein Lehrer in Zukunft schlechte Noten bei dir vermeiden.

Ich weiß, dass das gegenüber anderen Schülern vielleicht ein bisschen unfair ist, aber um es noch einmal zu betonen, es geht in diesem Buch darum, dir Techniken zu vermitteln, mit denen du die Schule überlebst, in allen Fächern, auch in denen, wo es keine endgültige Wahrheit gibt, also keine einzig allein wahre Lösung.

Im Mathematikunterricht ist klar, dass $1+1= 2$ ergibt. Da kannst du lediglich darüber diskutieren, ob der Lehrer den Rechenweg sehen möchte, wenn du die Aufgabe im Kopf rechnest. Angenommen, du rechnest mit vedischer Mathematik, dann kann es passieren, dass du den Rechenweg nicht aufschreiben musst, weil du im Kopf schneller rechnest als auf dem Papier. Wenn dein Lehrer trotzdem wissen möchte, wie du das gerechnet hast, kannst du es ihm vorrechnen und so jederzeit beweisen, dass du die Rechnung beherrschst. Suche auch hier das Gespräch mit deinem Lehrer.

Zusammenfassend ist also zu sagen, dass in Fächern, in denen Kreativität und persönliche Fantasie nicht nur gefragt, sondern sogar erwünscht sind, dein Lehrer dir niemals eine Note geben sollte, die schlechter ist als 2. Ansonsten bereite eine Fragestunde vor, in der du deinem Lehrer eine Stunde lang Löcher in den Bauch fragst, um zu erfahren, was du beim nächsten Mal besser oder anders machen kannst, um eine bessere Note zu bekommen. Auf diese Art und Weise merkt dein Lehrer nicht nur, dass du dir schlechte Noten nicht gefallen lässt, sondern du bekommst gleichzeitig auch Informationen darüber, was deinem Lehrer wichtig ist, weswegen du dir dann überlegen kannst, wie du diese Punkte beim nächsten Mal berücksichtigst.

KAPITEL 15

WIE SICH BEI DIR IM RELIGIONS-UNTERRICHT PLÖTZLICH ALLES VON SELBST OFFENBART

Religion ist eines der Fächer, bei dem ich tatsächlich niemals verstanden habe, warum es an einer Schule unterrichtet wird. Vielleicht betrachten wir Religion als etwas, das zu unserer Kultur gehört. Dennoch wird die Religion, ähnlich wie der Fremdsprachenunterricht, sehr einseitig unterrichtet.

Ein Unterrichtsfach, welches Ethik, Philosophie oder Religionslehre heißt, wäre angebrachter, weil man dann einen Überblick über die verschiedenen Möglichkeiten, wie Menschen glauben und in ihrer Freizeit das Leben gestalten, bekommt.

Man könnte über die Vorteile von Trennung oder Nicht-Trennung von Religion und Staat sprechen und gleichzeitig überlegen, ob man sich nicht eine Art Mischglauben anlegt, bei dem man einfach die positiven Aspekte einer jeden Religion zusammensammelt und somit zum Wohle der Menschen lebt, denn jede Religion hat ihre Für- und Wider-Argumente, warum man sie praktizieren oder vielleicht ein bisschen kritisch beurteilen sollte.

Religion ist tatsächlich eines der Fächer, welches wir an unser Speedlearning School nicht unterrichten, weil Religion viel zu oft ein Anlass für komplizierte Situationen in der Geschichte war und in der Gegenwart immer noch ist. Aus diesem Grund verwenden wir den Begriff Philosophie und Ethik.

Das bringt dir aber an dieser Stelle vermutlich wenig bis gar nichts, weil du natürlich Religion in der Schule als Unterrichtsfach hast, dazu abgeprüft wirst und deswegen auch ein gewisses Wissen haben solltest.

Nun bitte ich um Verständnis, dass ich nicht alle Religionen an dieser Stelle ausführlich behandeln kann. Deshalb werde ich, weil ich in der christlich-abendländischen Kultur aufgewachsen bin, exemplarisch anhand der Bibel Techniken darstellen, wie man sich die Inhalte eines solchen umfangreichen Werkes gut und zuverlässig merken kann. Gleiches gilt natürlich auch für die Thora, für den Koran oder für Regeln des Buddhismus, Hinduismus oder Taoismus.

Ich habe einen Kollegen, den ich sehr schätze, Florian. Er lebt in Österreich, ist ein sehr gläubiger Mensch und er hat irgendwann beschlossen, die Bibel auswendig zu lernen, weil er das Wort Gottes, so wie er es beschrieben hat, möglichst gut kennen und verstehen wollte. Und wenn man etwas wirklich gut können möchte, dann muss man sich Tag und Nacht damit beschäftigen.

Das gilt übrigens für alles. Wenn du ein hervorragender Sportler werden möchtest, dann solltest du dich von früh bis spät, am besten Tag und Nacht mit dem Sport beschäftigen. Wenn du ein ausgesprochen guter Musiker werden möchtest, dann solltest du dich von früh bis spät mit Musik beschäftigen. Gleiches gilt für Kunst, für Fremdsprachen usw.

Hier geht nun um das Thema Religion und Florian hatte eine wundervolle Technik und zwar den Gedächtnispalast. Du hast diese Technik schon im Kapitel über Geschichte kennengelernt und jetzt kannst du sie noch ausweiten, denn die Bibel umfasst weitaus mehr Bereiche als einfach nur die 100 Symbole, die wir miteinander im Kapitel Geschichte bearbeitet haben.

Aber wenn wir uns die Überschriften einfach mal ansehen, sprich, erstes Buch Moses (Genesis), zweites Buch Moses (Exodus), drittes Buch Moses (Leviticus), viertes Buch Moses (Numeri) usw., dann können wir doch unsere Unterteilung nehmen, weil wir so tatsächlich nicht auf über hundert Punkte kommen. Wir nehmen also unsere Baum- und Lociliste zur Hilfe, um daraus einen Gedächtnispalast zu bauen.

1. Der Baum – Genesis: Die Schöpfungsgeschichte. Vielleicht weißt du schon, dass dort der Baum der Erkenntnis erwähnt wird. Da hängt ein Apfel dran. Eva gibt Adam diesen zu essen, nachdem die Schlange es ihr vorgeschlagen hat und schon werden die beiden aus dem Paradies vertrieben. So beginnt laut Bibel die Geschichte der Menschheit. Genesis kannst du jetzt noch damit verknüpfen, dass Eva den Apfel vom Baum nimmt und ihn Adam mit dem Worten »Genieß es« reicht.

    Es folgten die Kinder der beiden, Kain und Abel. Spielt schön miteinander und genießt es, Geschwister zu haben. Schau dir die anderen Geschichten bis zur großen Sintflut mit Noahs Arche an und überlege dir, was die Menschen damals in der jeweiligen Geschichte genießen konnten. So stellst du die Verbindung zu Genesis her.

2. Die Zwillinge – Exodus: Das erinnert an das englische Wort »exit« für Ausgang. Die Israeliten finden hier den Ausgang aus Ägypten, wir lernen die 10 Gebote kennen und wissen, dass man bei Verstoß dagegen eingesperrt werden kann, also Ausgangssperre bekommt. Verknüpfe jetzt die

restlichen Geschichten mit einem Ausgang, um dir zu merken, dass sich diese Erzählung im Buch Exodus befindet.

3. Die Kuchengabel – Leviticus: Hier bekommen wir die Leviten gelesen, wie man so schön sagt. Lies dir durch, worum es geht und verbinde die Inhalte damit, die Leviten gelesen zu bekommen (also getadelt oder ermahnt zu werden).

4. Das Auto – Numeri: Hier werden die Menschen durchnummeriert so wie Autos mit ihren Kennzeichen. Es spielt sich viel in der Wüste ab. Lies das Buch durch und verbinde es mit Nummern, um zu wissen, dass die Inhalte zum Buch Numeri gehören.

5. Die Hand – Deuteronomium: Hier bekommt alles eine Bedeutung und einen Namen – so merken wir uns den Begriff »Deuteronomium«. Wir zeigen mit der Hand auf die Dinge, die nun eine Bedeutung bekommen. Beim Lesen dieses Buches wirst du tatsächlich feststellen, dass jetzt zahlreiche Gesetze auftauchen, also die Dinge bedeutender werden. Verknüpfe auch hier die Inhalte wieder mit der Wortbrücke »Bedeutung«.

6. Der Würfel – Das Buch Joshua: So, wie kann ich mir jetzt merken, dass das sechste Buch (der Würfel) Joshua ist? Hier nehme ich wieder meine Assoziations-Methode. Also wonach klingt J -o-o-sh-u-a-a, Joshua? Ich würfele und sage: »Jo super, ich habe eine Sechs gewürfelt« und darf bei »Mensch Ärger dich nicht« aus dem Haus oder ich habe im Casino mit Würfeln gespielt und sage: »Jo super, habe gewonnen«. In diesem Teil der Bibel wird viel erobert und gekämpft. Es wird sozusagen ausgewürfelt, wer wo leben darf. Lies den

Text und verknüpfe die Inhalte mit diesem Bild des Würfels.

7. Der Zwerg – Das Buch der Richter: Das kann ich mir als sieb-
tes Buch merken, weil ein Richter entscheidet, dass es unfair
und vor allem eine Straftat war, Schneewittchen zu vergiften,
deshalb der Zwerg und das Buch der Richter. Inhaltlich geht
es um die wiederholte Unterwerfung Israels und da schadet
es nicht, mal einen Richter nach seiner Meinung zu befragen.

8. Die Achterbahn – Das Buch Rut: Nur Mut Ruth, wenn
du in die Achterbahn steigst – das wäre eine Brücke,
falls du jemanden kennst, die Ruth heißt. Oder aber jemand ruht in einer Achterbahn, was wohl eher unüb-
lich ist. Tatsächlich geht es in diesem Buch um die Geschichte einer Frau namens Ruth, deren Leben durchaus
einer Achterbahnfahrt gleicht. Viel Spaß beim Lesen.

9. Der Regenschirm – Das Buch Samuel: Hanna wird nicht
schwanger – der Samen ihres Mannes fruchtet also nicht.
Da wäre die Brücke zum Namen des Buches. Am Ende
braucht man einen Regenschirm auf der Beerdigung eines Mannes namens Saul (die arme »Sau« hatte sich nämlich umgebracht). Lesen, staunen, wundern, merken.

10. Die Bibel – Das zweite Buch Samuel: Hier geht es um David als König Israels. Dieses Mal hat der Samen gefruchtet
und die Geschichte von David gegen Goliath kennt jeder
aus der Bibel. Auch diese Geschichte ist es wert, gelesen zu
werden.

Schließe kurz einmal deine Augen und versuche, diese zehn Bücher aus dem Gedächtnis herbeizuführen. Wie viele hast du erinnern können?

Ok, hier kommt nochmals die Auflösung:
- Genesis
- Exodus
- Leviticus
- Numeri
- Deuteronomium
- Das Buch Joshua
- Das Buch Richter
- Das Buch Rut
- Das erste Buch Samuels
- Das zweite Buch Samuels

Jetzt hast du die ersten zehn Bücher und was wäre nun ein möglicher nächster Schritt? Ganz einfach: Du recherchierst bei Wikipedia, liest die Bibel, schaust dir YouTube Videos an, was auch immer und fragst jeden Erwachsenen wieder: Was kannst du mir über das Buch Rut sagen? Frag einfach deinen Priester, deinen Pfarrer bei euch in der Gemeinde, ein Messdiener, irgendeinen Kaplan, eine Nonne, einen Mönch oder wen auch immer du triffst.

Frag jeden: Was kannst du mir über das Buch Exodus sagen? Was steht da drin? Was steht im Buch Richter? Was steht im zweiten Buch Samuel?

Und so bist du nun wieder angefixt, also nun bist du wieder motiviert, um weitere Informationen zu dem jeweiligen Kapitel in deinem Gehirn abzuspeichern.

KAPITEL 16

WIE DU LATEIN ZU EINER LEBEN-
DEN SPRACHE WERDEN LÄSST

Man soll es nicht für möglich halten, aber tatsächlich gibt es immer noch Schulen, an denen Latein unterrichtet wird und zum Teil
sogar Altgriechisch. Jedes Jahr kommt erneut die Diskussion auf,
was das denn soll und es gibt verschiedene Argumente, die ins Feld
geführt werden, warum man Latein an Schulen in Deutschland
unterrichtet.

Hier ein paar Beispiele:

*Wenn man Latein kann, fällt es leichter, Spanisch oder Italienisch zu
lernen.*
Dieses Argument ist aber nicht ganz schlüssig, denn wenn
ich Italienisch oder Spanisch lernen möchte, dann lerne ich
einfach Italienisch oder Spanisch. Die lateinische Grammatik ist zudem komplizierter als die italienische oder spanische. Um dieses Ziel zu erreichen, gibt es bessere Wege, z.B.
die internationale Sprache Interlingua.

Hier eine Demonstration:

Vir	amicam	expectat.
Der Mann	seine Freundin	erwartet.

Um einen lateinischen Satz, der aus drei Wörtern besteht, ins Deutsche zu übersetzen, benötige ich fünf Wörter, also fast doppelt so
viel. Da leuchtet mir nicht ein, wie das helfen soll, Deutsch besser
zu verstehen. Also können wir dieses Argument auch vergessen.

In der Internationalen Sprache Interlingua wäre dieser Satz übrigens:

Le homine	expecta	su	amica.
Der Mann	erwartet	seine	Freundin.

Fünf zu fünf – das leuchtet mir ein. Das Nomen hat ebenfalls nur
vier Fälle und schon ergibt diese Sprache Sinn.

Aber was spricht noch für Latein:

Latein schafft den Zugang zum akademischen Vokabular.
Ja, dennoch ist Latein nur die zweitbeste Lösung, um sich das akademische Vokabular anzueignen. Dafür gibt es zwei Gründe. Latein wird einseitig unterrichtet, also nur von Latein nach Deutsch. Es wird nicht trainiert, deutsche Sätze ins Lateinische zu übertragen. Somit verstehe ich zwar als Lateinschüler das akademische Vokabular, allerdings kann ich es deswegen nicht unbedingt souverän anwenden, da ich im Lateinunterricht keine freien Gespräche führe.

Der Aufwand, der notwendig ist, um Latein bis zu einem angemessenen Niveau zu erlernen, erscheint zudem vergleichsweise groß. Auch hier findet sich in der internationalen Sprache Interlingua die bessere Alternative. Diese Sprache vermittelt zudem ebenfalls den akademischen Wortschatz griechischen Ursprungs, was Latein nicht tut. Da ein Großteil der Wörter aufgrund der Deutschkenntnisse den Schülern bekannt ist, kann diese Sprache in deutlich kürzerer Zeit erlernt werden.

Tests an schwedischen Gymnasien in Varberg unter der Leitung von Ingvar Stenström haben gezeigt, dass ein Schüler in einem Jahr mithilfe von Interlingua das akademische Vokabular besser erfassen kann als nach sieben Jahren Lateinunterricht.[7]

Aus diesem Grund wird Interlingua von einer intellektuellen Elite weltweit gesprochen, von über 600 Millionen Menschen auf Anhieb verstanden und gleichzeitig nicht als eigene Sprache erkannt.

---

7   Interlingua - Instrumento moderne de Communication international. https:// www.lulu.com/en/us/shop/ingvar-stenstr%C3%B6m/ interlingua-instrumento-moderne-de-communication-international-deutsche-version/paperback/product-1yz59dd5.html?page=1&page-Size=4 – besucht am 20.01.2022

Was ist nun tatsächlich der Grund, warum man Latein und Altgriechisch an den Schulen unterrichtet?

Hier kommt die Antwort: Wilhelm von Humboldt hat damals das Schulsystem, so wie wir es heute kennen, entwickelt und damals war es wichtig, dass ein Kind aus einer Akademikerfamilie von klein auf spürt, dass es zu einer Akademikerfamilie gehört. Latein und Altgriechisch waren so zusagen die Erkennungsmerkmale, die Eintrittskarten in die akademischen Kreise. Man hat mit lateinischen Zitaten geprahlt und Fremdwörter verwendet, die der normale Arbeiter oder einfache Bürger nicht verstehen konnte und dadurch sicherte man sich einen geschlossenen Kreis elitärer Akademiker.

Es gibt auch heutzutage noch solche Kreise sowie entsprechende Bestrebungen und durch die Einstellung in bestimmten elitären Familien hat sich das Latein standhaft bis heute gehalten. Tatsächlich gilt aber Latein und Altgriechisch nicht ohne Grund als tote Sprache, denn Latein wird äußerst selten aktiv gesprochen.

Ich selbst habe in meinem ganzen Leben bislang auch nur ein einziges Mal Menschen aktiv Latein sprechen erlebt, und zwar bei einem Treffen mit sieben Lateinprofessoren der Universität von Granada in Spanien, als wir uns darüber unterhalten haben, wie man an deren Universität Interlingua als internationale Sprache einsetzen kann.

An unserer Speedlearning School haben wir Latein bewusst durch Interlingua ersetzt, weil wir den elitären Gedanken der Akademiker nicht nur für überholt, sondern auch für unnötig halten, denn in der heutigen Zeit sind Sprachen wie Englisch, Arabisch, Russisch und Chinesisch eher ein Ausdruck höherer Bildung als Latein oder Altgriechisch.

Es ist nämlich so, dass sich die Zeiten geändert haben, was aber scheinbar noch nicht bis in die Tiefen aller Schulämter und Kultusministerien durchgedrungen ist.

Daher werden jedes Jahr Schülerinnen und Schüler von Neuem mit der lateinischen Sprache konfrontiert. An sich ist das auch kein Problem, denn es gibt ja zum Glück dieses Buch, in dem du erklärt bekommst, wie du, insofern du zu den Leuten gehören solltest, die Latein noch nicht als große Leidenschaft entdeckt haben, den Lateinunterricht überleben kannst.

Hierzu benutzen wir eine Technik, die die alten Römer nicht kannten und Wilhelm von Humboldt sich wahrscheinlich auch nicht träumen ließ – ach ja und dein Lateinlehrer wird dieses Hilfsmittel mit großer Wahrscheinlichkeit auch komplett ablehnen: Das Internet.

Nimm dein Smartphone, wenn du keins hast, dann leih dir das deiner Eltern. Sorge dafür, dass die Google Übersetzer App darauf installiert ist. Dann stell die Funktion so ein, dass du von Latein nach Deutsch übersetzen kannst.

Nun klick in der App auf »Kamera« und halte die Handykamera über den Text. Im Normalfall erkennt jetzt der Google Übersetzer den lateinischen Text und übersetzt ihn dir direkt ins Deutsche. Manchmal funktioniert dies nicht auf Anhieb, sodass du ein Foto von der Seite machen und anschließend mit der Import-Funktion der App dieses Bild beim Google Übersetzer hochladen musst. Der Übersetzer scannt dann alle lateinischen Wörter und übersetzt sie dir.

Falls deine Eltern dich fragen, warum du diesen Text nicht mit dem Wörterbuch übersetzt hast, kannst du argumentieren, dass du ein Buch über Speedlearning gelesen hast und das Speed nicht bedeutet, dass man mühsam mit einem Wörterbuch Texte übersetzt, die man mit einer App schneller übersetzt haben kann.

Jetzt könnten sie argumentieren, dass dein Gehirn auf diese Weise nicht trainiert wird, wenn du diesen Text nicht 1 zu 1 übersetzt. Mag sein, allerdings stellt sich die Frage, warum du dein Gehirn mit etwas trainieren solltest, das an sich sowieso völlig veraltet ist und im beruflichen Alltag außerhalb des Vatikans keine Anwendung findet.

Ich möchte dies nicht als Abwertung der lateinischen Sprache verstanden wissen, denn ich habe selbst das große Latinum und verdanke dem Latein sehr viel. Das ist genau der Grund, weshalb mir diese Beurteilung zusteht. Ich habe Kenntnisse des Lateins und des Altgriechischen und weiß, dass Interlingua die bessere Alternative ist. Diese Tatsache lässt sich dem Zweifler gegenüber jederzeit beweisen.

Es gibt also folglich nur einen Grund, weshalb du Latein lernen solltest: Weil dich die Sprache interessiert und du die alten Schriften im Original lesen möchtest. Einen anderen Grund gibt es nicht.

Trainiere dein Gehirn doch besser an Texten in englischer, französischer, spanischer, russischer, arabischer oder chinesischer Sprache und für den akademischen Wortschatz nimmst du Interlingua zu Hilfe.

Lebende Sprachen kannst du tagtäglich anwenden, wohingegen Latein zum einen längst durch Interlingua ersetzt wurde und zum anderen wenig bis keinen Nutzen für den Alltag und die Erreichung beruflicher Ziele bringt.

Dahingegen ist die Frustration, wenn Schüler lateinische Texte falsch übersetzen, sehr groß, und wenn du die lateinische Grammatik nicht verstehst und deswegen schlechte Noten bekommst, ist die Frustration noch grösser.

Frustrierte Kinder führen zu frustrierten Leistungen, zu frustriertem Verhalten, zu frustrierten Eltern, zu frustrierten Lehrern, zu einer frustrierten Welt und dann haben wir den Salat. Deswegen vermeide jede Frustration, indem du mit dem Google Übersetzer die Texte schon mal übersetzt. Denn wenn du weißt, worum es in den lateinischen Texten in deinem Buch inhaltlich geht, dann kannst du dich auf die Grammatik konzentrieren und hast dann den Kopf frei für das Wichtige.

So weißt du, warum es in den Texten des »De bello gallico« von Julius Cäsar geht, wovon Ovids Metamorphosen handeln oder die »Aeneis« von Vergil.

Ja, ich habe sie alle gelesen und es lohnt sich sehr, diese zu lesen. Aber man sollte es in seiner Freizeit tun und keine wertvolle Schulzeit dafür verwenden.

Also noch einmal zusammenfassend:

Es geht nicht darum zu betrügen und es geht auch nicht darum zu schummeln, es geht darum etwas Sinnvolles zu tun und sinnvoll ist es, sich erstmal einen Überblick über den Text zu verschaffen, den man übersetzen soll.

Bei jedem handelsüblichen Sprachkurs zum Selbststudium findest du zum fremdsprachlichen Text immer auch die deutsche Übersetzung. Warum sollte das bei Latein anders sein? Es gibt keinen Grund. Ende der Diskussion.

KAPITEL 17

INTERLINGUA – FREMDSPRACHEN-KUNDE DER MODERNEN SCHULE

Im vorangegangenen Kapitel war sehr oft die Rede von Interlingua. Jetzt wird es Zeit, diese internationale Sprache einmal genauer zu betrachten, zu erklären, woher sie überhaupt kommt und darzustellen, aus welchem Grund sie so eine wertvolle Bereicherung für den Schulunterricht darstellt.

Interlingua ist also eine internationale Sprache, die aus dem gemeinsamen Wortschatz der europäischen Sprachen entstanden ist. Somit umfasst Interlingua das internationale Vokabular, das in Europa als Erbe des Lateins und des Altgriechisch in allen Sprachen als Fremd- oder Lehnwörter existiert.[8]

Dieser internationale Wortschatz wurde mit einer Grammatik versehen, die sich auf das Notwendigste beschränkt, das zur verständlichen Kommunikation benötigt wird.

Manchmal verwechseln Unwissende Interlingua mit Esperanto. Esperanto ist eine Kunstsprache, die nur verstanden wird, wenn man diese Sprache vorher gelernt hat. Interlingua wurde nicht erfunden, sondern steckt in den Sprachen als international verstan-

8   https://interlingua.com - besucht am 20.01.2022

denes Vokabular und musste als solches nur systematisiert werde. Deswegen wird Interlingua von über 600 Millionen Menschen weltweit verstanden, auch wenn diese niemals zuvor Interlingua gelernt haben.

Dazu gehören alle Muttersprachler der romanischen Sprachen sowie Menschen, die bereits eine romanische Sprache gelernt haben. Ein Muttersprachler des Deutschen (meine Oma zum Beispiel), der sonst keine Fremdsprachen spricht, versteht Interlingua auf Anhieb zu 50%.

Hier ein paar Beispiele:

Interlingua
Io ha telephonate con Martin. Ille es in le auto e va al hotel. Ibi ille informara le architecto al reception super le nove projecto del restaurante. Postea nos prendera un taxi e vadera al theatro. O prefere tu le opera?

Deutsch
Ich habe mit Martin telefoniert. Er ist im Auto und fährt ins Hotel. Dort wird er an der Rezeption den Architekten über das neue Restaurantprojekt informieren. Wir nehmen dann später ein Taxi und fahren ins Theater. Oder präferierst du einen Opernbesuch?

Englisch
I spoke to Martin on the phone. He is in the car and driving to the hotel. There, at the reception, he will inform the architect about the new restaurant project. We will then take a taxi later and drive to the theatre. Or would you prefer to go to the opera?

Französisch
J'ai téléphoné à Martin. Il est dans la voiture et se rend à l'hôtel. Là, à la réception, il informera l'architecte du nouveau projet de restaurant. Nous prendrons ensuite un taxi plus tard pour aller au théâtre. Ou préfères-tu aller à l'opéra?

Italienisch
Ho parlato con Martin al telefono. È in macchina e si dirige verso l'hotel. Li informerà l'architetto alla reception sul progetto del nuovo ristorante. Più tardi prenderemo un taxi e andremo a teatro. O preferisci andare all'opera?

Niederländisch
Ik sprak met Martin aan de telefoon. Hij zit in de auto en rijdt naar het hotel. Daar zal hij de architect bij de receptie inlichten over het nieuwe restaurantproject. We nemen later een taxi en gaan naar het theater. Of ga je liever naar de opera?

Polnisch
Rozmawiałem z Martinem przez telefon. Jest w samochodzie i jedzie do hotelu. Tam poinformuje architekta na recepcji o nowym projekcie restauracji. Później weźmiemy taksówkę i pójdziemy do teatru. A może wolisz iść do opery?

Portugiesisch
Falei com Martin ao telefone. Ele está no carro e dirige-se para o hotel. Aí informará o arquitecto na recepção sobre o projecto do novo restaurante. Apanharemos um táxi mais tarde e iremos para o teatro. Ou prefere ir à ópera?

Schwedisch

Jag talade med Martin i telefon. Han sitter i bilen och kör till hotellet. Där kommer han att informera arkitekten i receptionen om det nya restaurangprojektet. Vi tar en taxi senare och går till teatern. Eller föredrar du att gå på opera?

Spanisch

Hablé con Martin por teléfono. Está en el coche y se dirige al hotel. Allí informará al arquitecto de la recepción sobre el proyecto del nuevo restaurante. Tomaremos un taxi más tarde e iremos al teatro. ¿O prefieres ir a la ópera?

Folgende Begriffe finden wir also in allen der genannten Sprachen: Telefon, Hotel, Information, Architekt, Rezeption, Projekt, Restaurant, Taxi, Theater, Oper.

Das Wort »Auto« wird in den Sprachen unterschiedlich übersetzt:
Englisch: car
Französisch: voiture
Italienisch: macchina
Polnisch: samochod
Portugiesisch: carro
Schwedisch: bil
Spanisch: coche

Dennoch verstehen alle diese Sprachen auch das Wort »auto« oder »automobil«. Es wäre also sinnvoller, anstatt verschiedene einzelne Sprachen zu unterrichten, zunächst Interlingua zu vermitteln. Dann hätten die Schülerinnen und Schüler sehr schnell einen Wortschatz von über 1000 Wörtern in verschiedenen Sprachen.

Hier ein paar Beispiele weitere Interlinguawörter, die Sprecher europäischer Sprachen mühelos verstehen:

absolute, absorber, absurde, accento, acceptar, accusar, action, active, activitate, actual, acute, adaptar, adoptar, adresse, aeroporto, agente, agricultura, alcohol, ambiente, amusante, apparato, april, argumentar, articulo, aspecto, atomo, attaccar, attraction, attractive, autobus, automatic, automobile, autor, autoritate

Das wären jetzt 34 Wortbeispiele, die mit dem Buchstaben »A« beginnen. Alle Wörter aufzuführen, würde den Rahmen sprengen. Ich bin sicher, dass du jetzt eine Vorstellung davon hast, wie gut Interlingua verstanden wird.

Bevor ich dich befähige, selbst Interlingua zu lernen, möchte ich an dieser Stelle noch einmal die Vorteile zusammenfassen:

1. Interlingua führt zu einem besseren Verständnis der Fremdwörter und des akademischen Vokabulars im Deutschen.

2. Dadurch erweitert Interlingua deinen Wortschatz in allen dir bekannten Sprachen, also auch im Englischen, Französischen usw.

3. Interlingua ermöglicht es dir, direkt mit Menschen zu sprechen, die Spanisch, Portugiesisch oder Italienisch verstehen

4. Interlingua verschafft dir Zugang zu Menschen auf der ganzen Welt und hilft dir so, Freundschaften weit über die Grenzen Europas hinaus zu schließen, z.B. im Rahmen von Treffen und Konferenzen der Welt Interlingua Union.

So, hast du jetzt Lust ein bisschen Interlingua zu lernen? Prima, dann erfährst du jetzt hier das Wichtigste zur Grammatik und dann kannst du dir unter https://interlingua.com komplette Kurse in deutscher Sprache kostenlos herunterladen.

Doch eins nach dem anderen. Die Grammatik ist in Interlingua, wie bereits erwähnt, sehr vereinfacht und auf das Nötigste reduziert. Mit folgenden Regeln kannst du die Sprache bereits komplett anwenden:

Grammatikregeln:

- Alle Verben enden entweder auf -ar, -er oder -ir: »parlar« (sprechen), »vider« (sehen) und »audir« (hören)
- Es gibt keine unregelmäßigen Verben, lediglich die beiden wichtigsten Verben »haber« (haben) und »esser« (sein) werden im Präsens zu »ha« und »es« abgekürzt
- Es gibt nur einen bestimmten (le) und einen unbestimmten Artikel (un): »le auto«, »un auto«, »le dama«, »un dama«, »le senior«, »un senior«, »le professores«
- Die Mehrzahl wird mit -s bzw. -es gebildet: un auto, duo autos, un restaurante, duo restaurantes
- Substantiv und Adjektiv werden nicht aneinander angepasst: un seniora belle, duo senioras belle, le senior belle, le seniores belle
- Adverben bildet man durch die Endung -mente: »Le auto es rapide«. »Le auto va rapidemente.«
- Von jedem Verb kann man das Nomen und das Adjektiv ableiten und umgekehrt, z.B. informar, information, informative
- Die Wortstellung ist stets Subjekt – Verb – Objekt

Verben werden immer gleich konjugiert. Hier die Beispiele der Konjugation der Verben »parlar« (sprechen), »vider« (sehen) und »audir« (hören):

Person	Präsens	Imperfekt	Futur	Konditional
io	parla	parlava	parlara	parlarea
	vide	videva	videra	viderea
	audi	audiva	audira	audirea
tu	parla	parlava	parlara	parlarea
	vide	videva	videra	viderea
	audi	audiva	audira	audirea
ille, illa, illo	parla	parlava	parlara	parlarea
	vide	videva	videra	viderea
	audi	audiva	audira	audirea
nos	parla	parlava	parlara	parlarea
	vide	videva	videra	viderea
	audi	audiva	audira	audirea
vos	parla	parlava	parlara	parlarea
	vide	videva	videra	viderea
	audi	audiva	audira	audirea
illes	parla	parlava	parlara	parlarea
	vide	videva	videra	viderea
	audi	audiva	audira	audirea

Person	Imperativ	Part. Präsens	Part. Perfekt
io	parla!	parlate	parlante
	vide!	vidite	vidente
	audi!	audite	audiente
tu	parla!	parlate	parlante
	vide!	vidite	vidente
	audi!	audite	audiente
ille, illa, illo	parla!	parlate	parlante
	vide!	vidite	vidente
	audi!	audite	audiente
nos	parla!	parlate	parlante
	vide!	vidite	vidente
	audi!	audite	audiente
vos	parla!	parlate	parlante
	vide!	vidite	vidente
	audi!	audite	audiente
illes	parla!	Parlate	parlante
	vide!	vidite	vidente
	audi!	audite	audiente

KAPITEL 18

WIE SICH DEIN KÖRPER ZUKÜNFTIG AUF SPORT FREUT

Sportunterricht ist ja eigentlich etwas, was nichts mit dem klassischen Lernen in der Schule zu tun hat, denn im Grunde genommen lernst du im Sportunterricht auf eine ganz andere Art als z.B. in Mathematik oder Erdkunde. Dennoch gibt es einige Techniken, die du aus dem Sportunterricht auf die anderen Fächer übertragen kannst und umgekehrt.

Zunächst einmal gehen wir davon aus, dass du zum jetzigen Zeitpunkt noch nicht so sportlich bist, wie du es sein könntest. Dafür kann es verschiedene Gründe geben. Vielleicht sind deine Familie und dein soziales Umfeld einfach nicht so sportlich. Falls es so ist, kannst du von den Techniken aus dem Kapitel »Musik« profitieren und dir ein Umfeld schaffen, in welchem die Menschen sportlicher sind, z.B. wenn du einem Sportverein beitrittst.

Vielleicht hast du in deinem Leben bislang noch nicht gelernt, diszipliniert und konsequent in der Umsetzung von Maßnahmen zu sein. Dann wird dir dieses Kapitel sehr viel Hilfe dabei geben, dies zu ändern.

Vielleicht ist es aber auch so, dass du dich bisher immer sehr schwergetan hast, weil du den Eindruck hattest, unsportlich zu sein. Das liegt oft einfach nur daran, dass dir die Übung fehlt oder du deinen Körper bislang mit den falschen Dingen ernährt hast, sodass er nicht die Leistung bringen konnte, die er bringen könnte, wenn er anders ernährt würde.

Fangen wir also ganz einfach an. Gehen wir davon aus, dass du die unsportlichste Person bist, die dieser Planet jemals gesehen hat. Doch jetzt möchtest du gerne etwas daran ändern. Dann lautet die erste Frage: Warum möchtest du daran etwas ändern?

Wenn du keine Motivation hast, dann wird es schwer werden. Darin besteht übrigens auch das größte Dilemma in den meisten Schulfächern, in denen du noch nicht auf Eins stehst. Wenn du keine Motivation hast und keinen Sinn dahinter siehst, warum du zum Beispiel Englisch, Französisch, Mathematik, Erdkunde, Chemie oder Sport zur Perfektion bringen solltest oder zumindest auf ein sehr gutes Niveau, dann wird es schwer sein, dich zum Lernen zu motivieren.

Hier ein paar Gründe, die dafür sprechen, dass es sinnvoll ist, sich für Sport zu interessieren, eine gute Sportlichkeit zu erreichen und diese auch lebenslang zu halten:

Unser Körper ist ein Bewegungsapparat (wenn du in Biologie aufpasst, wirst du sogar feststellen, dass unser Knochensystem so genannt wird). Das bedeutet, unser Körper ist gemacht, um sich zu bewegen, denn durch Bewegung wird er gesund gehalten. Sauerstoff kommt in den Körper, Abfallprodukte werden abgebaut und viele andere positive Prozesse finden in deinem Körper statt, wenn du dich bewegst. Je mehr du dich bewegst, desto besser wird dein Körper durchblutet und je besser dein Körper durchblutet wird, desto gesunder und leistungsfähiger wird er sein.

Das gilt ganz besonders für dein Gehirn, das dadurch aufmerksamer wird, sich besser konzentrieren und Dinge einfacher merken kann sowie sich auch im Schlaf leichter erholt. Ein guter Schlaf ist hilfreich für Regeneration und Heilungsprozesse. Danach ist man motivierter für Sport und nach dem Sport fällt man leichter in einen guten Schlaf, sodass sich diese beide Komponenten bzw. die beiden Tätigkeiten miteinander unterstützen und dich leistungsfähiger werden lassen.

Solltest du also im Moment unter körperlichen Beschwerden oder Symptomen leiden, weil du immer mal wieder erkältet bist, Allergien hast, Hauptprobleme oder Kopfschmerzen - ganz egal - mit einem einfachen sportlichen Training hast du die Möglichkeit, dich wirklich schnell und effektiv besser zu fühlen und langfristiger auch gesünder zu sein.

Der zweite Grund, warum Sport so gut für deine Gesundheit und deinen Körper ist, besteht darin, dass dein Körper gestärkt wird. Nicht nur die Muskulatur, die Bänder und die Gelenke, sondern auch dein gesamtes Immunsystem. So wirst du seltener krank und du beugst Verletzungen vor. Dein Körper ist robuster, kann sich besser gegen Krankheitserreger verteidigen und ist bei Stürzen oder sonstigen Einwirkungen auf deinen Körper stabiler.

Der dritte Grund: Sport steigert dein Selbstvertrauen. Regelmäßiges Ganzkörpertraining versetzt dich in die Lage, schnell zu rennen oder dich auch notfalls in einem Handgemenge gut zu verteidigen. Du kannst dich mit einem kräftigen Körper besser aus einem Klammergriff oder aus einer misslichen Lage befreien, vielleicht weil du zu mutig auf einen Baum geklettert oder einen Hang hinuntergestürzt bist. Du kannst dich mit einem fitten und gesunden Körper immer leichter aus einer schwierigen Lage befreien als mit einem schwachen und kranken Körper.

Und der letzte Grund: Ein gesunder Körper lebt länger. Solltest du an Übergewicht leiden oder ein bisschen mehr Gewicht auf den Rippen haben als dein Körper braucht (das merkst du daran, dass du z.B. beim Treppensteigen zu wenig Luft bekommst oder du auch deine Fußzehen nicht berühren kannst), dann hilft eine Kombination aus Sport zuzüglich Ernährungsumstellung.

Was deine Ernährung angeht, so gibt es ein paar Tricks, mit denen du ganz schnell dein körperliches Wohlbefinden verbessern kannst, sodass es dir dann auch leichter fällt, Sport zu treiben und du dich besser fühlen wirst, während du Sport treibst.

Hier ein paar Ernährungstipps, die schon vielen Kindern und Jugendlichen zu mehr Leistungsfähigkeit verholfen haben:

Punkt 1: Ersetze alle Getränke, die du bisher getrunken hast, durch stilles Wasser. Erstmal nur an einem Tag pro Woche. Wenn du das vier Wochen durchgehalten hast, dann an zwei Tagen pro Woche. Wenn du das vier Wochen durchgehalten hast, dann drei Tage die Woche usw. bis du mindestens 5-6 Tage pro Woche alle Getränke durch stilles Wasser ersetzt. Wenn du jetzt mit dem Argument kommst, dass dir stilles Wasser nicht schmeckt, dann sei dir gesagt, dass sich durch die vielen Zusatzstoffe in den Getränken, die wir in unserem Alltag konsumieren, wie beispielsweise Softdrinks, Säfte und ähnliche industriell hergestellte Getränke, deine Geschmacksnerven verändert haben. Die Kohlensäure, die vielen Getränken beigefügt wird, belastet den Körper zudem unnötig. Stilles Wasser ist etwas, an das du dich mit der Zeit gewöhnen wirst und dann, wenn deine Geschmacksnerven wieder zu ihrer normalen Funktion zurückkehrt sind, du auch die anderen Getränke wie Cola, Fanta etc. gar nicht mehr trinken wirst, weil sie dir viel zu süß sein werden und dein Körper sich dann instinktiv dagegen wehrt.

Punkt 2: Verzichte auf Zucker, wo immer du kannst. Verzichte vor allem auf zusätzlichen Zucker und esse nur noch Lebensmittel, bei denen du auf der Packung siehst, dass sie nur maximal 6 g Zucker pro 100 g Inhalt enthalten.

Punkt 3: Alles andere reduzieren. Wenn du gerne Schokolade isst, Kuchen oder Torte, dann reduziere den Konsum in den nächsten vier Wochen um die Hälfte. Also wenn du bislang eine Tafel Schokolade am Tag isst, iss in Zukunft nur noch eine Halbe am Tag. Wenn du bei Oma immer zwei Stück Kuchen essen musst, dann iss nur noch ein Stück Kuchen. Nach vier Wochen halbierst du die Menge nochmal, d.h. dann isst du bei Oma nur noch ein halbes Stück Kuchen und nur noch eine Viertel Tafel Schokolade usw., bis du deinen Zuckerkonsum so gut wie möglich heruntergefahren hast, beziehungsweise bis du bei deinem körperlichen Fitnesszustand angelangt bist, von dem du schon immer geträumt hast.

Verzichte außerdem, wo immer möglich, auf Fleisch und Weizen. Mach dir lieber einen Obstsalat oder ein gesundes Müsli zum Frühstück anstatt eines Brötchens und bereite dir auch für die Schule entsprechend Snacks und Pausenbrote vor. Du kannst übrigens auch im Internet nach Rezepten für Eiweißbrote schauen, wenn du gerne Brot isst. Du ersetzt einfach die normalen Weizenbrote durch Eiweißbrot.

Auf Fleisch zu verzichten, ist auch einfacher als man glaubt. Zunächst brauchst du das nicht vollständig zu tun. Vielleicht möchtest du einen Tag in der Woche vegetarisch leben und ansonsten isst du Fleisch einfach in kleinen Mengen als Beilage zum Gemüse statt umgekehrt. Früher war es so, dass Nudeln, Gemüse und Reis die Beilage zum Fleisch waren. Jetzt ist das Fleisch die Beilage für Gemüse und Reis.

An dieser Stelle muss ich dir aber einen Hinweis geben: Wenn du in einer Familie lebst, in der man gerne viel Fleisch oder Süßes isst und wenig Sport treibt, dann kann es sein, dass es am Anfang auf Widerstände stößt. Rede deshalb nicht allzu viel darüber, sondern nimm dir einfach, wenn du dir beim Essen auftust, immer etwas mehr Gemüse als z.B. Fleisch und esse immer ein bisschen weniger von den süßen Sachen als von den anderen. Der Weg zum Erfolg heißt also: »Nicht darüber sprechen, einfach machen!« Oder mit anderen Worten: »Machen ist wie wollen – nur viel cooler!«

Doch kommen wir zurück zum Sport: Welche Art von Sport ist nun die beste? Grundsätzlich gilt, dass die meisten Menschen entweder zu wenig Sport treiben oder sie übertreiben es. Aus diesem Grund schlage ich dir für den Anfang vor, maximal fünf Minuten am Tag mit einem Ganzkörperworkout zu trainieren.

An unserer Speedlearning School haben wir verschiedene Ganzkörperworkouts für Anfänger und Fortgeschrittene, sodass du dir dort ein Fitnessprogramm zusammenstellen kannst, welches genau auf dich zugeschnitten ist.

Falls du selbst nach Techniken suchen möchtest, empfehle ich dir Calisthenics auszuprobieren, also Übungen mit dem eigenen Körpergewicht. Auch hier gibt es auf YouTube einige Tutorials, am besten ist es jedoch, wenn du dir eine Gruppe von anderen Jugendlichen suchst, die sich mit dieser Sportart schon beschäftigen und die dir bei Fragen zur Seite stehen können. Übungen mit dem eigenen Körpergewicht sind immer sinnvoller als Übungen beim Training mit Gewichten.

Wenn du komplett blutiger Anfänger bist, dann empfehle ich dir, erstmal mit dem Joggen anzufangen. Laufen ist die natürlichste Art der Fortbewegung für den Menschen und wenn du zuerst schnell gehst und dann leicht joggst und dann irgendwann richtig joggst, baust du automatisch auch eine sportliche Leistungsfähigkeit auf.

Fang auch hier erst mit einer Minute an, steigere dich dann von einer Minute auf fünf Minuten, bis du irgendwann 30 Minuten am Tag laufen gehst. Du wirst feststellen, dass dir das Joggen irgendwann fehlen wird, wenn du es mal vergisst oder keine Zeit dafür hast.

Solltest du schon eine Grundfitness haben und dann entsprechend deine Fähigkeiten noch weiter ausbauen wollen, empfehle ich dir ein Kampfsporttraining z.B. Karate. Hierbei ist es aber wichtig, dass du dir einen Trainer suchst, der genau darauf achtet, dass die Gruppengröße nicht zu groß ist, und du beim Training korrigiert wirst, wenn du Übungen falsch machst.

Also fange erst an zu joggen, praktiziere dann Calisthenics und beginne dann mit Karate. Je nachdem, wie schnell du gute Erfolge haben möchtest, kannst du auch alles gleichzeitig machen und die Kombination für deine Gesundheit und dein Selbstvertrauen enorm stärken. Nicht umsonst leben auf der Insel Okinawa, der Geburtsstätte des Karates, weltweit die meisten Hundertjährigen gemessen an der Gesamtbevölkerung.

So, jetzt haben wir also die Sportart definiert, doch wie wirst du nun motiviert die sportlichen Übungen auch regelmäßig durchzuführen?

Stelle die Uhrzeit deines Weckers um eine halbe Stunde vor, sodass du, wenn der Wecker klingelt, die normale Uhrzeit siehst, zu der du eigentlich aufstehen solltest, dir dann aber noch eine halbe Stunde Zeit bleibt, bis du wirklich aufstehen müsstest. Nutze diese halbe Stunde, um dein 5-Minuten-Workout zu machen, z.B. das Fitnessprogramm der Speedlearning School.

Anmerkung:

Wenn du dieses Buch liest und du das Speedlearning Fitnessprogramm haben möchtest, dann schreib mir eine E-Mail an info@ speedlearning.school und sag mir, auf welcher Seite in diesem Buch auf das Speedlearning Fitnessprogramm hingewiesen wird. Dann schenke ich dir das Speedlearning Fitnessprogramm für deine persönliche Leistungssteigerung.

Außerdem hilft es, sich ein neues Ritual (wie z.B. Sport treiben) anzugewöhnen oder im Alltag zu integrieren, wenn du es an bereits bestehende Rituale anbindest. Zum Beispiel könntest du morgens und abends nach dem Zähneputzen immer dein 5-Minuten-Workout durchziehen oder jeden Tag, wenn du aus der Schule kommst, zuerst eine halbe Stunde joggen gehen, bevor du zu Mittag isst oder deine Hausaufgaben erledigst.

Sorge einfach dafür, dass du das neue Trainingskonzept in deinem Alltag integrierst, sodass es so selbstverständlich wird wie die Benutzung deines Smartphones und genauso attraktiv, wenn nicht sogar attraktiver.

Nimm dir darüber hinaus einen Zeitraum von zehn Wochen und plane, dass du in den zehn Wochen mindestens dreimal pro Woche trainierst. Am besten montags, dienstags und mittwochs. Denn wenn du an einem dieser drei Tage keine Zeit hast, hast du immer noch den Donnerstag, Freitag und Samstag oder Sonntag.

Nimmst du dir hingegen vor, montags, mittwochs und freitags zu trainieren, dann kommt dir vielleicht am Freitag etwas dazwischen, am Samstag auch und am Sonntag macht man für gewöhnlich ohnehin etwas anderes.

Wenn du die in diesem Kapitel beschriebenen Tipps beherzigst, dann bist du schon ein ganzes Stück weiter auf dem Weg zum sportlichen Erfolg. Alles weitere regeln ein guter Trainer und das richtige Umfeld.

KAPITEL 19

TESTE DEIN GEDÄCHTNIS

Wenn du es bis hierhin geschafft hast, dann möchte ich dir herzlich gratulieren! Durch dein Durchhaltevermögen hast du bewiesen, dass du ein echtes Interesse an Techniken und Methoden hast, mit denen du deine Leistungsfähigkeit im Allgemeinen und deine Lernerfolge in der Schule im Speziellen verbessern kannst. Aus diesem Grund schenke ich dir in diesem Kapitel noch ein paar Techniken, die sonst nur meine Trainer von mir beigebracht bekommen.

Diese Techniken werden dir im Alltag helfen, dir Namen von Menschen besser zu merken, Geheimbotschaften zu senden und zu verstehen sowie das bereits erworbene Wissen in diesem Buch noch weiter zu vertiefen. Bist du bereit? Dann lass uns starten!

Zunächst gebe ich dir einige Aufgaben und bitte dich, sie zu lösen. Wenn du alle Aufgaben bearbeitet hast, dann kannst du dir die Lösungen anschauen. Wenn du möchtest, nutze diese Übungen, um einen Gedächtniswettbewerb mit deinen Freunden, deiner Klasse oder sogar deinen Lehrern zu starten.

Alles klar – fangen wir an.

Aufgabe 1:
Merke dir diese chemischen Elemente:
- Wasserstoff
- Helium
- Lithium
- Beryllium
- Bor
- Kohlenstoff
- Stickstoff
- Sauerstoff
- Fluor
- Neon

Aufgabe 2:
Merke dir folgende afrikanische Staaten in alphabetischer Reihenfolge:
- Ägypten
- Algerien
- Angola
- Äquatorialguinea
- Äthiopien
- Benin
- Botswana
- Burkina-Faso
- Burundi
- Dschibuti

Aufgabe 3:
Merke dir die zehn längsten Flüsse, die durch Deutschland fließen in der richtigen Reihenfolge:
- Donau
- Rhein

- Elbe
- Oder
- Weser
- Mosel
- Main
- Inn
- Saale
- Neckar

Aufgabe 4:
Merke dir diese Einkaufsliste:
- Eier
- Äpfel
- Nudeln
- Salat
- Kartoffeln
- Milch
- Reis
- Mehl
- Wasser
- Saft

Aufgabe 5:
Merke dir die wichtigsten germanischen Sprachen in der richtigen Reihenfolge:
- Englisch
- Deutsch
- Niederländisch
- Schwedisch
- Afrikaans
- Dänisch
- Norwegisch

- Niederdeutsch
- Jiddisch
- Scots

Aufgabe 6:

Merke dir die zehn US-amerikanischen Präsidenten vor Barack Obama in der richtigen Reihenfolge:

- Dwight D. Eisenhower
- John F. Kennedy
- Lyndon B. Johnson
- Richard Nixon
- Gerald Ford
- Jimmy Carter
- Ronald Reagan
- George H. W. Bush
- Bill Clinton
- George W. Bush

Hinweis zu den Aufgaben 7 - 9:

Löse diese drei Aufgaben mit der Lociliste.

Während ich das hier schreibe, befinde ich mich gerade in einem Hotelzimmer. Die Lociliste für dieses Zimmer besteht aus Folgenden zehn Symbolen:

- Die Zimmertür
- Die Garderobe
- Der Safe
- Der Fernseher
- Der Tisch

- Die Lampe
- Der Stuhl
- Das Fenster
- Das Bett
- Der Spiegel

Aufgabe 7:
Merke dir die Namen und Grad-Angaben der Winkel:
- Nullwinkel: 0 °
- Spitzer Winkel: > 0° und < 90°
- Rechter Winkel: 90°
- Stumpfer Winkel: > 90° und < 180 °
- Gestreckter Winkel: 180°
- Überstumpfer Winkel: > 180° und < 360 °
- Vollwinkel: 360°

Aufgabe 8:
Merke dir die Tiere, die Winterruhe, Winterschlaf oder Winterstarre halten:
- Igel (Winterschlaf)
- Fledermaus (Winterschlaf)
- Siebenschläfer (Winterschlaf)
- Murmeltier (Winterschlaf)
- Dachs (Winterruhe)
- Eichhörnchen (Winterruhe)
- Waschbär (Winterruhe)
- Braunbär (Winterruhe)
- Frosch (Winterstarre)
- Eidechse (Winterstarre)

Aufgabe 9:
Merke dir die zehn größten Mittelgebirge Deutschlands in der Reihenfolge von groß nach klein:
- Schwarzwald
- Bayerischer Wald
- Erzgebirge
- Harz
- Fichtelgebirge

- Oberpfälzer Wald
- Schwäbische Alb
- Thüringer Wald
- Rhön
- Taunus

Hinweis zu den Aufgaben 10 – 12:
Löse diese Aufgaben mithilfe der Reimtechnik.

Hierbei verbinden wir die Zahlen von 1 bis 10 mit kleinen Reimen:

1: Die eins ist meins
2: Die zwei isst nur Brei
3: Die drei tanzt sich frei
4: Die vier spielt Klavier
5: Die fünf trägt Strümpf(e)
6: Die sechs ist eine Hex(e)
7: Die sieben kaut Rüben
8: Die acht kommt bei Nacht
9: Die neun darf sich freuen
10: Die zehn muss jetzt gehen

Nun wiederhole die Liste, bis du sie auswendig kannst und löse dann die nächsten drei Aufgaben.

Aufgabe 10:
Merke dir folgende Vornamen – die Reihenfolge ist in diesem Fall egal:
- Maximilian
- Sophie
- Alexander
- Maria
- Paul
- Emma
- Jonathan
- Anna
- Felix
- Stephanie

Aufgabe 11:
Merke dir folgende zehn Nachnamen mithilfe der Reimtechnik:
- Müller
- Schmidt
- Schneider
- Fischer
- Weber
- Meyer
- Wagner
- Becker
- Schulz
- Hoffmann

Aufgabe 12:
Merke dir nachfolgende Unternehmen in alphabetischer Reihenfolge mithilfe der Reimtechnik:
- Adidas
- BMW

- Continental
- EON
- Henkel
- Lufthansa
- Siemens
- Thyssenkrupp
- Volkswagen
- Wirecard

Hinweis zu den Aufgaben 13 – 15:
Löse diese Aufgaben mit der Merksatztechnik.

Mit dieser Technik kannst du die kleinen Dinge des Lebens, die einen zum Wahnsinn treiben, weil man sich nie daran erinnern kann, mühelos und dauerhaft merken.

Bestimmt kennst du den Merksatz zu den acht Planeten:

»Merles Vater erklärt Martin jeden
Samstag unseren Nachthimmel.«

Merkur, Venus, Erde, Mars, Jupiter, Saturn, Uranus, Neptun (die Reihenfolge ihrer Entfernung zu Sonne, beginnend mit dem der Sonne nächsten).

Jetzt überlege dir Merksätze für die nachfolgende Lernthemen.

Aufgabe 13:

Starten wir hoch motiviert mit Ostern. Hier sind die relevanten Informationen:

Ostern findet am ersten Sonntag nach dem Frühlingsvollmond statt. Die Karnevalszeit beginnt am 11. November. Da jedoch der November als Trauermonat angesehen wird und die Adventszeit als besinnliche Zeit, finden Prunksitzungen und ähnliche Veranstaltungen erst ab dem 6. Januar statt. Das Ende der Karnevalszeit bildet Aschermittwoch. An diesem Tag beginnt die 40-tägige Fastenzeit, die an Ostersonntag endet.

Überlege dir jetzt einen Merksatz, mit dem du dir diese Fakten leichter und dauerhaft merken kannst.

Aufgabe 14:

Erinnerst du dich noch an den Merksatz zu den Bundeskanzlern? Dann wiederhole ihn jetzt.

Konrad Adenauer

Ludwig Erhard

Kurt Georg Kiesinger

Willy Brandt

Helmut Schmidt

Helmut Kohl

Gerhard Schröder

Angela Merkel

Olaf Scholz

Aufgabe 15:

Wie man sich die Kreiszahl Pi merkt, weißt du doch auch noch – habe ich Recht?

3,1415926

Aufgabe 16:

Ordne die Hauptstädte der österreichischen Bundesländer korrekt zu:

Bregenz	Burgenland
Eisenstadt	Kärnten
Graz	Nieder-Österreich
Innsbruck	Ober-Österreich
Klagenfurt	Salzburg
Linz	Steiermark
Salzburg	Tirol
St. Pölten	Vorarlberg
Wien	Wien

Aufgabe 17:

Weiter geht es gut gelaunt mit einer Geschichte zum Merken der Gründerstaaten der USA:

- Rhode Island
- North Carolina
- South Carolina
- Virginia
- Maryland
- Georgia
- Connecticut
- Massachusetts
- Delaware
- Pennsylvania
- New Hampshire

- New York
- New Jersey

Aufgabe 18:
Erinnerst du dich noch an die Geschichte zu den Hauptstädten der deutschen Bundesländer?
- München (Bayern)
- Stuttgart (Baden-Württemberg)
- Saarbrücken (Saarland)
- Mainz (Rheinland-Pfalz)
- Wiesbaden (Hessen)
- Erfurt (Thüringen)
- Dresden (Sachsen)
- Potsdam (Brandenburg)
- Berlin (Berlin)
- Magdeburg (Sachsen-Anhalt)
- Hannover (Niedersachsen)
- Düsseldorf (Nordrhein-Westfalen)
- Bremen (Bremen)
- Schwerin (Mecklenburg-Vorpommern)
- Hamburg (Hamburg)
- Kiel (Schleswig-Holstein)

Aufgabe 19:
Wende die Geschichtentechnik an, um dir die Einteilung der psychiatrischen Krankheiten[9] zu merken:
- Affektive Störungen
- Angst- und Panikstörungen
- Zwänge
- Schizophrenie
- Psychotische Störungen nicht-organischer Genese
- Organische Psychosyndrome
- Belastungs- und Anpassungsstörungen
- Dissoziative Störungen
- Psychosomatik
- Essstörungen
- Sexualstörungen
- Schlafstörungen
- Abhängigkeit und Sucht
- Persönlichkeitsstörungen
- Störungen der Impulskontrolle
- Suizidalität

So, hast du alle Aufgaben erledigt?

---

9   Diese Einteilung orientiert sich an dem Inhaltsverzeichnis des Psychatrielehrbuchs: »Psychatrie und Psychotherapie« von Hans-Jürgen Möller et.al

Dann beantworte jetzt aus dem Gedächtnis folgende Fragen:

- Welches chemische Element hat die Ordnungszahl 5?
- Welcher afrikanische Staat kommt im Alphabet nach Benin und vor Burkina-Faso?
- Welches ist der siebtlängste Fluss, der durch Deutschland fließt?
- Nenne mindestens acht Punkte von der Einkaufsliste.
- Welche germanische Sprache wird weltweit am meisten gesprochen?
- Welcher US-amerikanische Präsident folgte Richard Nixon?
- Wie viel Grad hat ein stumpfer Winkel?
- Nenne vier Tiere, die Winterruhe halten.
- Welche sind das zweitgrößte und das sechstgrößte Mittelgebirge Deutschlands?
- Nenne so viele Vornamen von der Liste, wie du dir merken konntest.
- Wie viele Nachnamen hatten ein »m« im Namen?
- Welche Namen der großen deutschen Unternehmen bestanden nur aus Großbuchstaben?
- Wann ist Ostern?
- Welcher Bundeskanzler folgte Helmut Schmidt?
- Wie lautet die dritte Nachkommastelle der Kreiszahl Pi?
- Wie heißt die Hauptstadt von Ober-Österreich?
- Nenne so viele Gründerstaaten der USA wie möglich.
- Wie heißen die Hauptstädte von Thüringen, Hessen und Rheinland-Pfalz?
- Wie würdest du die psychiatrische Krankheitslehre einteilen?

Nachfolgend findest du ein paar Beispiellösungen, anhand denen du siehst, wie man sich die Inhalte hätte merken können.

Beispiellösung zu Aufgabe 1: Die chemischen Elemente

- Wasserstoff (Der Baum braucht Wasser, wenn es im Sommer heiß ist.)
- Helium (Die Zwillinge halten mit Helium gefüllte Luftballons in der Hand.)
- Lithium (Mit der Kuchengabel esse ich meinen Lieblingskuchen.)
- Beryllium (Wenn ich bei meinem Auto Gas gebe, hört klingt das wie das Wort Beryllium.)
- Bor (Mit dem Zeigefinder der Hand bohren Kinder in der Nase.)
- Kohlenstoff (Wenn ich beim Würfelspiel viel Geld gewinne, dann habe ich anständig Kohle.)
- Stickstoff (Einer der sieben Zwerge stickt ein Herz auf Schneewittchens Kleid.)
- Sauerstoff (Wenn ich in der Achterbahn fahre, brauche ich anschließend Sauerstoff.)
- Fluor (Meinen nassen Regenschirm spanne ich im Flur zum Trocknen auf.)
- Neon (Die Gutenbergbibel ist in Mainz im Museum unter einer Neonröhre ausgestellt.)

Beispiellösung zu Aufgabe 2: Die Staaten Afrikas

- Ägypten (In Ägypten gibt es keine Bäume, sondern nur Sand und Pyramiden.)
- Algerien (Die Zwillinge steigen aus einem See und sind voller Algen.)
- Angola (Ich stecke die Kuchengabel in eine Dose Cola.)

214

- Äquatorialguinea (Mit dem Auto fahre ich über den Äquator.)
- Äthiopien (In meiner Jugend gaben wir mit der Hand kleine Spenden für die hungernden Kinder in Äthiopien.)
- Benin (Ich spiele Kniffel mit einem Jungen namens Benni.)
- Botswana (Ein Zwerg sitzt in einem Boot und fährt übers Wasser.)
- Burkina-Faso (Eine Frau in einer Burka fährt mit der Achterbahn, die in China endet. Darauf verliert sie völlig die Fassung.)
- Burundi (Der runde Griff meines Regenschirms.)
- Dschibuti (Die Bibel gibt es jetzt auch bei Tchibo.)

Beispiellösung zu Aufgabe 3: Die Flüsse Deutschlands
- Donau (Der Baum wird vom Donner erschüttert.)
- Rhein (Die Zwillinge stehen vor der Disco und sagen: »Du kommst hier nicht rein!«)
- Elbe (Mit der Kuchengabel verquirle ich das Gelbe vom Ei.)
- Oder (Der Autohändler fragt mich, ob ich einen Benziner oder einen Diese möchte.)
- Weser (Mit meiner Hand hänge ich Wäsche auf.)
- Mosel (Beim Würfelspiel im Casino ist ohne Moos nichts los.)
- Main (Der Zwerg sagt, was mit Schneewittchen passiert ist sei gemein.)
- Inn (Meine Mutter sagt: »In diese Achterbahn steige ich nicht ein.«)
- Saale (In einem Konzertsaal kann ich den Regenschirm zusammenklappen.)
- Neckar (Wer die Bibel liest, betet nicht Richtung Mekka, sondern in Richtung Neckar.)

Beispiellösung zu Aufgabe 4: Die Einkaufsliste

- Eier (Mit meinen Füßen kicke ich einige Eier durch den Supermarkt.)
- Äpfel (Auf meinen Knien balanciere ich Äpfel.)
- Nudeln (Um meine Oberschenkel wickele ich Nudeln.)
- • Salat (Ich setze mich in ein Salatbeet.)
- Kartoffeln (Aus meinem Bauchnabel wachsen Kartoffeln.)
- Milch (Ich reibe meinen Brustkorb mit Milch ein oder aus meiner Brust fließt Milch.)
- Reis (Auf meinen Schultern bauen Zwerge Reis an.)
- Mehl (Mein Hals ist ganz trocken vom Staub des Mehls.)
- Wasser (Meine Nase ist ein Wasserhahn.)
- Orangensaft (Ich drücke an meiner Stirn eine Orange aus und bekomme so Orangensaft.)

Beispiellösung zu Aufgabe 5: Die zehn wichtigsten germanischen Sprachen

- Englisch (Meine Schuhe sind eng.)
- Deutsch (Deutsche Handwerker knien sich richtig in die Arbeit rein.)
- Niederländisch (Bei Kniebeugen gehen meine Oberschenkel auf und nieder.)
- Schwedisch (Wenn mir jemand an den Hintern fasst, denke ich »alter Schwede«.)
- Afrikaans (Nach zu viel Afri-Cola ist mein Bauch dick).
- Dänisch (Ich dehne meinen Brustkorb morgens nach dem Aufstehen.)
- Norwegisch (Auf meiner Schulter trage ich an Weihnachten eine Nordmann-Tanne nach Hause.)
- Niederdeutsch (Wenn ich meinen Hals zudrücke, spreche ich Niederdeutsch.)

- Jiddisch (Wenn mich jemand an der Nase zieht, sage ich: »jiiiiii«.)
- Scots (nNch zu viel Scotch schmerzt mir der Kopf.)

Beispiellösung zu Aufgabe 6: Die letzten zehn US-amerikanischen Präsidenten vor Barack Obama
- Dwight D. Eisenhower (Auf meinen Schuhen sind Eisenbeschläge und jemand haut
- Darauf.)
- John F. Kennedy (Ein junger Mann aus Bayern fällt vor mir auf die Knie und ich frage ihn: »Kenn i di?«)
- Lyndon B. Johnson (Auf meinen Oberschenkeln habe ich ein Tattoo von John Lennon und seinem Sohn.)
- Richard Nixon (An meinem Gesäß trage ich eine Fischflosse wie eine Nixe.)
- Gerald Ford (Nach einer Geburt ist der dicke Bauch einer Frau schnell wieder fort.)
- Jimmy Carter (Auf meinem Brustkorb schläft mein Kater.)
- Ronald Reagan (Ich stehe im Regen und meine Schultern werden nass.)
- George H. W. Bush (Um meinen Hals trage ich eine Kette mit Zweigen von einem alten Busch.)
- Bill Clinton (Wenn sich zwei Menschen mit Nasenpiercing küssen, dann macht es unter Umständen »kling«.)
- George W. Bush (Ich trage auf meinem Kopf eine Krone aus Ästen eines jungen Busches.)

Beispiellösung zu Aufgabe 7: Die Winkelarten
- Die Zimmertür ist komplett geschlossen, also 0° geöffnet und so denken wir an den Nullwinkel.
- An der Garderobe hängt ein Spitzhut, der an einen spitzen Winkel erinnert.

- Die Ecken des Safes bilden jeweils vier rechte Winkel.
- Im Fernsehen sehe ich ein Fußballspiel und beim Eckball wird der Ball im stumpfen Winkel ins Tor geschossen.
- Die Tischplatte weist $180°$ auf und so denke ich an den gestreckten Winkel.
- Der Schirm der Lampe hat eine Wölbung von mehr als $180°$ aber weniger als $360°$ und so erinnert er mich an den Überstumpfen Winkel.
- Ich stehe auf dem Stuhl und drehe Pirouetten von $360°$ und habe so einen Vollwinkel.

Beispiellösung zu Aufgabe 8: Tiere, die im Winter irgendeine Form der Ruhe halten

- Für meine Zimmertür benutze ich einen schlafenden Igel als Türstopper (Winterschlaf).
- An der Garderobe hängt eine Fledermaus und schläft (Winterschlaf).
- Im Sarg liegen sieben Schläfer (Winterschlaf).
- Im Fernseher murmelt der Nachrichtensprecher vor sich hin, während ich davorsitze und schlafe (Winterschlaf).
- Unter meinem Tisch liegt ein Dachs, der viel schläft und sich, wenn er Hunger hat, etwas vom Tisch holt (Winterruhe).
- Auf meiner Lampe sitzt ein Eichhörnchen und ruht sich aus. Wenn es hungrig wird, schaltet es die Lampe an und sucht nach Futter (Winterruhe).
- Auf meinem Stuhl schläft ein Waschbär. Wenn er Hunger bekommt, wacht er auf und geht an den Kühlschrank (Winterruhe).
- Vor meinem Fenster schläft ein Braunbär. Wenn er Hunger bekommt, dann greift er durch das Fenster und holt sich ein Glas mit Honig (Winterruhe).

- In meinem Bett liegt ein Frosch – ich lege mich wie versteinert daneben (Winterstarre).
- Als ich in den Spiegel sehe, entdecke ich auf meiner Schulter eine Eidechse, die sich nicht bewegt (Winterstarre).

Beispiellösung für Aufgabe 9: Die zehn größten Mittelgebirge Deutschlands

- Immer wenn ich meine Zimmertüre schließe, wird es schwarz im Raum (Schwarzwald).
- An meiner Garderobe hängt eine bayerische Lederhose oder bei Frauen ein Dirndl (Bayerischer Wald).
- In meinem Safe lagern große Erzvorkommen (Erzgebirge).
- Während einer Fernsehdokumentation über das Waldsterben tropft Harz aus dem Fernseher (Harz).
- Auf meinem Tisch tanzt ein Wichtel mit einem Sprachfehler (Fichtelgebirge).
- Wenn ich Hunger haben, muss ich nur meine Lampe anschalten. Dann kommt ein Ober und bringt mir Pfälzer Saumagen (Oberpfälzer Wald).
- Auf meinem Stuhl liegt eine Packung mit schwäbischen Maultaschen (Schwäbische Alb).
- Vor meinem Fenster habe ich Thüringer Bratwürste aufgehangen (Thüringer Wald).
- In meinem Bett schnarche ich (rrrhhhööööö) und das Geräusch erinnert mich an die (Rhön).
- Ich spreche mit meinem Spiegel, aber er antwortet nicht – die taube Nuss (Taunus).

Beispiellösung zu Aufgabe 10: Die Vornamen

- Maximilian ist mein Freund.
- Sophie ist ein Baby, das nur Brei essen kann.
- Alexander ist der Tänzer.

- Maria ist eine Pianistin.
- Paul trägt bunte Stümpfe.
- Emma ist eine Hexe.
- Jonathan knabbert Karotten.
- Anna ist ein Gespenst.
- Felix ist der Glückliche, weil er Vater wird.
- Stephanie muss jetzt Feierabend machen und ihr Kind von der KiTa abholen.

Beispiellösung zu Aufgabe 11: Die Nachnamen

- Mein Hund heißt Herr Müller.
- Der Sohn von Frau Schmidt ist noch ein Baby.
- Herr Schneider tanzt im Männerballett.
- Frau Fischer ist Musiklehrerin.
- Herr Weber arbeitet als Schuhverkäufer.
- Frau Meyer ist Heilpraktikerin.
- Herr Wagner hat Hasenzähne.
- Frau Becker ist Bedienung in einem Nachtclub.
- Herr Schulz hat im Lotto gewonnen.
- Frau Hoffmann wird von der Polizei abgeführt.

Beispiellösung zu Aufgabe 12: Die Unternehmen

- Das ist mein Turnschuh.
- BMW bietet eingebaute Kindersitze an.
- Mit diesem Reifen tanzt das Auto auf der Fahrbahn.
- Zum Klavierspielen braucht man viel Energie.
- Mit diesem Waschmittel werden die Socken richtig sauber.
- Damit fliegt man durch die Luft – auch ohne Besen.
- Ob Entsafter, Hechler oder Rübenstecher – Siemens bietet alles.
- Auch in der Rüstungsindustrie plant man für den nächtlichen Angriff.

- Der VW-Käfer war so ein fröhliches Automobil.
- Mit dieser Zahlungsmethode wird das Bargeld abgeschafft.

Beispiellösung zu Aufgabe 13: Ostern
»Der Sonntag im Frühling nach Vollmond mir sagt,
dass jetzt Ostern ist, falls jemand fragt.«
Nun wollen wir noch die Verbindung zu Karneval herstellen:
»Zuvor 40 Tage gefastet und doch,
noch Restalkohol seit Aschermittwoch.«
Und zum Schluss die Frage, wann die Karnevalszeit beginnt:
»Das närrische Treiben an St. Martin beginnt,
doch pausiert bis Dreikönig aus Respekt vorm Advent.«

Beispiellösung zu Aufgabe 14: Die Bundeskanzler
Alle ehemaligen Kanzler bringen sonntags knusprige Semmeln mit Sesam.

Beispiellösung zu Aufgabe 15: Die Kreiszahl PI
May I have a large container of coffee.
3 1 4 1 5 9 2 6

Beispiellösung zu Aufgabe 16: Die Hauptstädte der österreichischen Bundesländer
Ein Wiener Würstchen klagte immer fort, dass die Tölpel Eisen statt Salz in die Burg streuten. Deshalb linste eine grazile Frau ins Brockhaus Lexikon und fand eine Brezel gänzlich zerbröselt.

Alles klar? Dann kommt hier die Auflösung:
Ein Wiener (Wien – Wien) Würstchen klagte immer fort (Klagenfurt – Kärnten), dass die Tölpel (St. Pölten – Nieder-Österreich) Eisen statt (Eisenstadt – Burgenland) Salz in die Burg (Salzburg – Salzburg) streuten. Deshalb linste (Linz – Ober-Österreich)

eine grazile (Graz –Steiermark) Frau ins Brockhaus (Innsbruck – Tirol) Lexikon und fand eine Brezel gänzlich (Bregenz – Voralberg) zerbröselt.

Beispiellösung zu Aufgabe 17: Die Gründerstaaten der USA

Auf einer roten Insel gibt es im Norden und Süden rote Karotten. Dort leben die jungfräuliche Mary und der George, der mit ihr eine Verbindung – eine Connection eingehen möchte. Deshalb schenkt er ihr massenhaft eingedellte Waren, die keinen Penny mehr wert sind. Sie möchte aber viel lieber einen neuen Hampelmann, einen neuen Yorkshire Terrier und ein Haus in New Jersey. Hast du alle gefunden?

Auf einer roten Insel (Rhode Island) gibt es im Norden und Süden rote Karotten (North und South Carolina). Dort leben die jungfräuliche (Virginia) Mary (Maryland) und der George (Georgia), der mit ihr eine Verbindung – eine Connection (Connecticut) eingehen möchte. Deshalb schenkt er ihr massenhaft (Massachusetts) eingedellte Waren (Delaware), die keinen Penny (Pennsylvania) mehr wert sind. Sie möchte aber viel lieber einen neuen Hampelmann (New Hamshire), einen neuen Yorkshire Terrier (New York) und ein Haus in New Jersey (New Jersey).

Beispiellösung zu Aufgabe 18: Die Hauptstädte der deutschen Bundesländer

Ein Mönch hat eine Stute im Garten. Die sah unter einer Brücke ein Fohlen und dachte sich: »Das ist meins«. Das Fohlen wollte gerne auf einer Wiese baden, da dachte sich die Stute voller Ehrfurcht: »Och, drehste noch eine Runde auf dem Postdamm und schaust, ob es beim Bäcker frische Berliner gibt.« Als diese ausverkauft waren, dachte sich die Stute: »Ich mag die Burg sowieso viel lieber, denn da ist dieser heiße Hengst, dieser Hannoveraner.« Die beiden düsten ins Dorf, wo die Bremer Stadtmusikanten schwere Hamburger den Kilimandscharo hochschleppten.

Puh, ganz schön lang. Hast du noch alle 16 erkannt?

Ein Mönch (München – Bayern) hat eine Stute im Garten (Stuttgart – Baden-Württemberg). Die sah unter einer Brücke (Saarbrücken – Saarland) ein Fohlen und dachte sich: »Das ist meins (Mainz – Rheinland-Pfalz)«. Das Fohlen wollte gerne auf einer Wiese baden (Wiesbaden – Hessen), da dachte sich die Stute voller Ehrfurcht (Erfurt – Thüringen): »Och, drehste (Dresden – Sachsen) noch eine Runde auf dem Postdamm (Potsdam –Brandenburg) und schaust, ob es beim Bäcker frische Berliner (Berlin – Berlin) gibt.« Als diese ausverkauft waren, dachte sich die Stute: »Ich mag die Burg (Magdeburg – Sachsen-Anhalt) sowieso viel lieber, denn da ist dieser heiße Hengst, dieser Hannoveraner (Hannover – Niedersachsen).« Die beiden düsten ins Dorf (Düsseldorf – Nordrhein-Westfalen), wo die Bremer Stadtmusikanten (Bremen – Bremen) schwere (Schwerin –Mecklenburg-Vorpommern) Hamburger (Hamburg – Hamburg) den Kilimandscharo (Kiel –Schleswig-Holstein) hochschleppten.

Beispiellösung zu Aufgabe 19: Einteilung der psychiatrischen Krankheiten

Ein Affe rennt in Panik mit einer Zange in der Hand auf einen Skifahrer zu und ruft: »Die Psychologen sind nicht organisiert.« Daraufhin nimmt der Skifahrer seine Organe und legt sie dem Affen um den Hals, was diesen belastet, weil er sich nicht anpassen kann. Daneben sitzen die sozialen Menschen, denen das Ohr pfeift und die sich dadurch beim Essen gestört fühlen. Außerdem haben sie sexuelle Probleme, wenn sie miteinander schlafen wollen. Deswegen suchen sie eine berühmte Persönlichkeit, die sich daraufhin die Pulsadern aufschneidet und Selbstmord begeht.

War doch gar nicht so schwer, oder?

Ein Affe (Affektive Störungen) rennt in Panik (Angst- und Panikstörungen) mit einer Zange (Zwänge) in der Hand auf einen Skifahrer (Schizophrenie) zu und ruft: »Die Psychologen sind nicht organisiert (Psychotische Störungen nicht-organischer Genese).« Daraufhin nimmt der Skifahrer seine Organe (Organische Psychosyndrome) und legt sie dem Affen um den Hals, was diesen belastet, weil er sich nicht anpassen kann (Belastungs- und Anpassungsstörungen). Daneben sitzen die sozialen Menschen (Dissoziative Störungen), denen das Ohr pfeift (Psychosomatik) und die sich dadurch beim Essen gestört (Essstörungen) fühlen. Außerdem haben sie sexuelle Probleme (Sexualstörungen), wenn sie miteinander schlafen wollen (Schlafstörungen). Deswegen suchen sie (Abhängigkeit und Sucht) eine berühmte Persönlichkeit (Persönlichkeitsstörungen), die sich daraufhin die Pulsadern aufschneidet (Störungen der Impulskontrolle) und Selbstmord begeht (Suizidalität).

Inzwischen hast du bestimmt bemerkt, dass es für das Merken von Fakten nicht DIE Technik gibt, sondern immer mehrere Möglichkeiten, sich ein zuverlässiges Ablagesystem im Gehirn zu schaffen, bestehen. Suche dir einfach die Methoden heraus, die dir am meisten zusagen.

Hier sind jetzt noch ein paar versteckte Techniken, die nur die Leserinnen und Leser lernen, die wirklich motiviert und wissbegierig sind – so wie du!

Die Alphabettechnik

Nicht nur die Zahlen von 1 – 10, die Körperteile, Objekte im Raum oder Geschichten können als Merkhilfen dienen, sondern jede dir gut bekannte Zeichenfolge. Das Alphabet ist hierfür ganz besonders gut geeignet. Schülern empfehle ich die Liste, die beim Kinderarzt oftmals an der Wand hängt und bei der bekannte Symbole mit dem jeweiligen Buchstaben verknüpft sind.

Hier ist die Liste:

A = Affe	J = Joghurt	S = Sonne
B = Biene	K = Knopf	T = Torte
C = Clown	L = Löwe	U = Uhr
D = Delfin	M = Mond	V = Vogel
E = Elefant	N = Nuss	W = Wolke
F = Fisch	O = Oma	X = Xylophon
G = Gans	P = Papagei	Y = Yacht
H = Hase	Q = Quadrat	Z = Zitrone
I = Igel	R = Rose	

Jetzt trainieren wir das Merken verschiedener Dinge mithilfe der Alphabettechnik. Zur Übung nehmen wir dafür eine Einkaufsliste mit 26 Punkten, 26 der 50 Staaten der USA und eine Wegbeschreibung.

Wir beginnen mit dem Leichtesten – der Einkaufsliste:

• Äpfel	• Joghurt	• Zucker
• Bananen	• Toilettenpapier	• Mehl
• Karotten	• Brot	• Spülmittel
• Kopfsalat	• Erdnüsse	• Zahnpasta
• Milch	• Orangensaft	• Shampoo
• Käse	• Backpulver	• Mineralwasser
• Wurst	• Salz	• Sesamöl

- Leinsamen
- Vanilleschoten
- Eier
- Batterien
- Windeln

So langsam solltest du damit vertraut sein, wie man Punkte, die man sich merken möchte, auf einer Liste ablegt. Von daher halte ich es an dieser Stelle für unnötig, dir mögliche Lösungsvorschläge zu präsentieren.

Kommen wir zu 26 der 50 Staaten der USA:

- Alabama
- Arkansas
- Arizona
- Alaska
- Florida
- Delaware
- Texas
- Hawaii
- Massachusetts
- Michigan
- Minnesota
- Washington
- Pennsylvania
- Maryland
- Kentucky
- Maine
- West Virginia
- Wyoming
- Oklahoma
- Oregon
- Tennessee
- Virginia
- Kansas
- New York
- Idaho
- Utah

Hat alles funktioniert? Bestimmt wirst du auch von Liste zu Liste schneller. Somit wechseln wir das Thema und kommen von Fakten oder Namen zu einer Wegbeschreibung. Lege die für dich relevanten Informationen auf der Alphabetliste ab.

Wir fahren von Mainz zum Frankfurter Flughafen – einfach nur um zu testen, ob wir schneller sind als die Deutsche Bahn:

Ausgangspunkt: Mainz, Deutschland
- Verlassen Sie Quintinsstraße in Richtung Kleine Quintinsgasse
- Biegen Sie links auf Rheinstraße / L431 ab
- Halten Sie sich links Richtung Brückenplatz
- Halten Sie sich gerade Richtung B40

- Halten Sie sich rechts, und bleiben Sie auf B40
- Biegen Sie rechts auf B43 / Kostheimer Landstraße ab
- Nehmen Sie im Kreisverkehr die Ausfahrt 2.
- Nehmen Sie die Auffahrt rechts
- Halten Sie sich gerade Richtung Mainzer Straße
- Weiter auf in Frankfurter Straße
- Halten Sie sich rechts Richtung Seckendorffplatz / Schiller-straße
- Biegen Sie links auf B43 / B519 / Rugbyring ab
- Halten Sie sich rechts, und halten Sie sich dann rechts in Richtung B43
- Halten Sie sich rechts Richtung Rüsselsheimer Straße
- Biegen Sie rechts auf Okrifteler Straße / K152 ab
- Biegen Sie links auf Airportring / K823 ab
- Biegen Sie rechts auf Flughafen Frankfurt Tor 25 ab
- Halten Sie sich gerade Richtung Flughafen Frankfurt
- Biegen Sie links ab, und bleiben Sie auf Flughafen Frankfurt
- Biegen Sie rechts ab, und bleiben Sie auf Flughafen Frank-furt
- Biegen Sie rechts ab, und bleiben Sie auf Flughafen Frank-furt
- Biegen Sie links ab, und bleiben Sie auf Flughafen Frankfurt
- Biegen Sie rechts ab, und bleiben Sie auf Flughafen Frank-furt
- Biegen Sie rechts ab, und bleiben Sie auf Flughafen Frank-furt
- Biegen Sie links ab, und bleiben Sie auf Flughafen Frankfurt

Ankunft in Flughafen Frankfurt, 60549 Frankfurt am Main

Prima. Als nächstes lernst du, wie du dir Namen besser merken kannst.

Namen merken

Bei den Vornamen ist es im Grunde sehr einfach. Verknüpfe die neue Person mit einer bereits bekannten, die den gleichen Namen trägt. Suche nach Ähnlichkeiten oder Parallelen zwischen den bisher Unbekannten und den Bekannten. Falls du jemanden triffst, der einen Vornamen hat, den du bisher noch nie gehört hast, z.B. Petyo, Omar oder Hiltrud, dann erkundige dich, was dieser Name bedeutet – das macht es oftmals leichter, eine Verbindung zum Menschen zu finden.

Petyo ist z.b. die bulgarische Form von Peter.

Omar bedeutet »der Erstgeborene«.

Hiltrud bedeutet »starke Kämpferin«.

Nachnamen bestehen oftmals aus Bezeichnungen für Berufe, wie z.b. Müller, Schneider, Meier oder Becker. Andere klingen ähnlich oder identisch wie Vornamen: Hermann, Franke, Bernhart. Dann gibt es die Nachnamen, die aus zwei Begriffen gebildet werden. Dazu zählen Messerschmidt, Wagenknecht oder Rubenbauer.

Überlege dir nun ein Bild, das den Menschen mit seinem Nachnamen in Verbindung bringt. Mein Name – Sven Frank – setzt sich zusammen aus den beiden Vornamen Sven (junger Krieger) und Frank (frei). Du kannst dir jetzt also in mir einen jungen Freiheitskämpfer vorstellen. Alternativ geht auch das Merken mit Reimen, so wie wir sie in der Schule beim Hänseln kennengelernt haben:

Der Sven ist am Pennen, denn der Frank ist krank.

Ist das Prinzip klar? Dann merk dir heute einmal die Vornamen aller Menschen, die dir im Laufe des Tages begegnen.

Nehmen wir für den Anfang 20 Vornamen. Bitte merke sie dir mit zwei unterschiedlichen Techniken, z.B. der Baumliste und der Alphabettechnik und wähle Namen aus den Listen von oben oder verknüpfe die Namen mit Menschen, die du kennst und die denselben Vornamen haben. Vielleicht wird ja ein Klassentreffen oder eine Grillparty daraus.

- Alexander
- Frank
- Hans
- Andreas
- Thomas
- Erika
- Klaus

- Herbert
- Joachim
- Maria
- Werner
- Heidrun
- Tanja
- Jürgen

- Jutta
- Friedrich
- Dieter
- Josef
- Sabine
- Gisela

Jetzt kommen die Nachnamen dazu. Auch wieder mit zwei unterschiedlichen Listen testen und die Bilder verwenden, die aufgrund der Nachnamen entstehen.

- Baumgarten
- Leidreiter
- Beckhaus
- Wechsler
- Siebert
- Monnard
- Kornmann

- Thieme
- Wittlinger
- Ullmann
- Kraftner
- Lehr
- Treichler
- Adeberg

- Lang
- Partenheimer
- Ries
- Bolender
- Scholles
- Heinen

Und als Drittes etwas außergewöhnliche Namen. Verknüpfe sie mit Assoziationen, die aufgrund des Klanges entstehen und lege sie auf zwei unterschiedlichen Listen ab.

- Grunitzky (im Grund wie Nietzsche)
- Akyildiz (der Akrobat, der einen Stern trägt – yildiz bedeutet Stern)
- Basarke (auf dem Basar kaufen wir eine Harke)
- Haroglu (das Haar wird oben mit Glut bedeckt)
- Klimowicz (das Klima erzählt Witze)
- Krukowski
- Gökpinar
- Lupescu

229

- Bochynski
- Falsone
- Efstathiou
- Marchlewitz

- Belkowski
- Gaidecka
- Jokiel
- Manikowski

- Kalytta
- Nezbeda
- Roustazad
- Wyzolniersky

Manches mag dir etwas weit hergeholt erscheinen, aber mit fortschreitender Übung wird es dir immer leichter fallen, Assoziationen herzustellen.

Mache es zur Gewohnheit, dir die Namen der Menschen um dich herum zu merken und sie auch im Gespräch mit Namen anzusprechen.

Bist du geistig anwesend?

Sind dir schon einmal Situationen in der Schule oder im Alltag aufgefallen, in denen du geistig abwesend warst? Welche Ursache dafür hast du erkannt?

Lass uns jetzt die verschiedenen Ursachen im Detail betrachten und Möglichkeiten der Beseitigung aufzeigen:

<u>Lebensgewohnheiten</u>
Zu wenig Schlaf
Ein Gehirn, das zu wenig Schlaf bekommt, arbeitet nicht optimal. Sorge dafür, dass du mindestens 1 x pro Woche ausschlafen kannst und lege tagsüber 20-minütige Powernaps ein, falls du nachts unter Schlafstörungen leidest. Falls zu wenig Schlaf dein Thema ist, melde dich.

Rauchen
Beim Rauchen entsteht Kohlenmonoxid, das sich 250-mal besser an die roten Blutkörperchen heftet als Sauerstoff. Dadurch entsteht ein Sauerstoffmangel im Gehirn. Einfache Lösung: Befreie dich vom Rauchen! Falls das dein Thema ist, melde dich bei mir.

Übermäßiges Essen
Die Völlerei gehört nicht ohne Grund zu den sieben Totsünden. Wenn dein Körper zu viel Essen verarbeiten muss, bleibt kaum Raum für andere Tätigkeiten. Faustregel beim Essen: Nimm immer nur so viel Nahrung zu dir, dass du notfalls noch fit genug wärst, um Menschen aus einem brennenden Haus zu retten.

Häufiges Arbeiten am PC
Hierbei wird unser Blick immer nur auf eine kurze Distanz gehalten. Der Weitblick unserer Augen geht verloren, was zu Anspannung und erhöhtem Energieverbrauch im Gehirn führt. Lege deshalb nach 20 Minuten eine Pause ein und arbeite maximal zwei Stunden pro Tag am PC.

Häufige Handybenutzung
Das Benutzen des Handys zum Telefonieren erhöht die Körpertemperatur im Bereich deines Ohres und bestrahlt direkt dein Gehirn. Das Tippen von WhatsApp, Surfen im Internet o.ä. mit dem Handy führt zu einer Körperhaltung, die deinem Gehirn signalisiert, dass du niedergeschlagen oder depressiv bist. Zudem bist du in der virtuellen Welt und somit in der Realität abwesend. Schalte dein Handy nach 17:00 Uhr und am Wochenende aus oder benutze es am besten nur 20 Minuten pro Tag.

Häufiges Fernsehen
Siehe Anmerkungen zu PC und Handy. Hinzu kommt noch, dass du z.B. durch Nachrichten in eine ängstliche oder negative Stimmung versetzt wirst, Privatsender dein Niveau senken und die sitzende oder liegende Position deines Körpers die Aufnahme von Informationen beschränkt.

Bewegungsmangel

Dein Körper ist ein Bewegungsapparat und durch regelmäßige Bewegung sorgst du für ausreichend Sauerstoff im Körper und trainierst zudem deine geistige Anwesenheit. Optimal sind Bewegungen im Sauerstoffüberschuss.

Mangel an Körperkontakt

Menschen brauchen andere Menschen und vor allem deren Körperkontakt – und das von Geburt an. Der Mangel an Körperkontakt führt zu körperlichen und psychischen Defiziten. Dies wiederum führt zu einer Flucht weg von der Realität usw. Sei geistig anwesend und umarme oder berühre (respektvoll!) andere Menschen so oft wie möglich, mindestens aber fünfmal pro Tag (nicht pro Person, sondern insgesamt). Hole dir den respektvollen Körperkontakt von deinen Freunden, deinen Eltern, deinen Geschwistern und sorge auch für deren geistige Anwesenheit.

Belastungen

Innere Anspannung, Stress, Gefühle wie Angst, Wut, Zorn, Besorgnis oder Schuld, finanzielle Sorgen, Probleme, Schicksalsschläge usw. führen zu den o.g. Symptomen. Mache dir mindestens einmal pro Woche klar, wofür du im Leben dankbar bist und schreibe die verschiedenen Punkte in einem Dankbarkeitsbuch auf, sodass du sie dir in schlechten Zeiten vor Auge führen kannst.

Denke auch immer daran, dass sich alle Probleme oder Schicksalsschläge besser bewältigen lassen, wenn du geistig anwesend bist. Wenn das dein Thema ist, melde dich bei mir.

Zeitdruck

Wenn du es eilig hast, dann mache langsam! Durch geistige Anwesenheit wirst du viel mehr in weniger Zeit erledigen. In der Ruhe liegt die Kraft und du hast alle Zeit der Welt. Eine Begrenzung der zur Verfügung stehenden Zeit existiert nur in deinem Kopf. Mit etwas Übung kannst du sogar die Zeit beeinflussen. Wenn das dein Thema ist, dann melde dich bei mir.

Übermäßige Hitze oder Kälte
Die Sommer werden immer heißer und die Heizung fällt grundsätzlich im Winter aus. Trainiere das Ertragen von Hitze und Kälte durch kaltes Duschen am Morgen oder Saunabesuche. Baue an heißen Tagen viel Rohkost und an kalten Tagen viele Öle in deine Ernährung ein. Bewege dich bei Hitze langsamer und bei Kälte schneller. Folge dem natürlichen Rhythmus und Verlangen deines Körpers. Sei geistig in deinem Körper anwesend.

Schmerzzustände
Schmerzen sind keine Symptome. Ebenso wenig wie Depressionen, Bluthochdruck, Diabetes oder andere Volkskrankheiten. Es sind Reaktionen des Körpers aus Dysbalancen. Finde heraus, was an deinem Lebensstil die natürliche Balance deines Körper-Geist-Systems blockiert und wie du das ändern kannst. Wenn das dein Thema ist, melde dich bei mir.

Falsche Ernährung
Zu viel Konsum von Zucker, Weizen, Fleisch oder Fertiggerichten
Dein Körper ist ein lebender Organismus. Je mehr lebende Lebensmittel (frisches Gemüse, Obst, Nüsse, etc.) du ihm anbietest, desto mehr kann er damit anfangen. Frage dich bei allem, was du isst oder trinkst, ob deine Zellen daraus aufgebaut werden sollen – denn am Ende des Tages wird das so sein. Essen kann dich geistig betäuben.

Ergänzung:
Die nachfolgenden Lebensmittel fördern die Neurogenese, also die Bildung von Nervenzellen, und helfen somit, im Alltag geistig anwesend zu sein. Außerdem unterstützen sie dein Gehirn dabei, optimal zu funktionieren und beugen nachweislich Demenz und Vergesslichkeit vor:

- Heidelbeeren
- Grüner Tee (in Bioqualität)
- Kurkuma
- Omega 3 Fettsäuren
- Moringa oleifera (in Bioqualität)
- Kokosöl (in Bioqualität)

Analysiere für dich die verschiedenen Punkte und ändere diejenigen, die dich davon abhalten, im entscheidenden Moment geistig präsent und anwesend zu sein.

Die Akronymtechnik
Ein Akronym ist ein Sonderfall einer Abkürzung. Akronyme entstehen dadurch, dass Wörter oder Wortgruppen auf ihre Anfangsbestandteile gekürzt werden. Akronyme kennst du aus deinem Alltag:

1. Initialwörter (man verwendet die Initialen mehrerer Wörter und bildet daraus ein neues Wort)
   - LASER: Light Amplification by Stimulated Emission of Radiation
   - LAN: Local Area Network

2. Endbetonte Akronyme
   - WM: Weltmeisterschaft
   - EU: Europäische Union

3. Silbenbildung
   - NATO: North Atlantik Treaty Organization
   - UNO: United Nations Organization

4. Mischformen
   - BaföG: Bundesausbildungsförderungsgesetz
   - Azubi: Auszubildender

Übrigens werden in allen Sprachen Wörter akronymisch gekürzt, die häufig verwendet werden. Beispiele dafür sind u.a. Kripo, Trafo, Auto, Bus, Akku, Stasi, Unimog etc.

Achte heute einmal auf Akronyme, die dir im Laufe des Tages begegnen. Es bereitet sehr großen Spaß, die Begriffe gelegentlich komplett auszusprechen und die verwirrten Gesichter der Zuhörer zu beobachten.

Um dir Akronyme zum Merken von kleinen Listen oder Abläufen einzusetzen, folgen nun drei Übungen:
1. Auf deiner Einkaufsliste stehen folgende Punkte:
2. Reis, Lauch, Milch, Eier, Mehl, Aprikosen, Erbsen, Dill und Ananas
3. Welches Akronym kann dir helfen, diese Lebensmittel zu merken?

Eine mögliche Lösung findest du weiter unten.

Akronyme, die dich auf den Beruf vorbereiten

Du kennst manche möglicherweise und wendest sie vielleicht auch schon an: AGB, API, B2B, CEO usw.

Vor allem bei Projekten oder Studien sind Akronyme wie AK-MEK (Arbeitsgemeinschaft Medizinischer Ethikkommission) oder

STROBE (Strengthening the Reporting of Observational studies in Epidemiology) vorhanden.

An dem letztgenannten Beispiel wird klar, dass so kompliziert auszusprechende fremdsprachliche Wörter oder Fachbegriffe durch ein Akronym simplifiziert werden. So entsteht zudem eine branchenspezifische Fachsprache.

Für dich bedeutet das, dass es im Studium oder in einer Ausbildung sinnvoll ist, die Bedeutung eines Akronyms zu kennen und dieses auch anzuwenden. Denn das Akronym ist das offizielle Wort, welches den ursprünglichen Begriff ersetzt hat (wie z.B. auch bei ADAC, BASF oder WMF).

Akronyme als Markenzeichen
Jugendliche sprechen oft von einem MOF (Mensch ohne Freunde) oder verwenden Akronyme bei WhatsApp Nachrichten, um Zeilen zu sparen und schneller zu sein. Hier ein paar Ausdrücke, die ich von meinem älteren Sohn gelernt habe:

- ROFL: Rolling on the floor laughing (alternativ: LOL: Laughing out loud)
- HDL: Hab dich lieb.
- Thx: Thanks
- OMG: Oh, mein Gott
- CU: See you (Wortlaut der englischen Buchstaben)
- N8: Gute Nacht

Fallen dir noch weitere ein? Schick sie mir gerne per E-Mail. Ich liebe nämlich Akronyme oder anders gesagt: ILA. Wenn dir also das nächste Mal ein Freund oder eine Freundin ein Akronym per WhatsApp oder Telegram oder was auch immer schickt, dann antworte einfach mit ILA.

Apropos ILA: Hier ist die mögliche Lösung zur ersten Aufgabe: Auf der Einkaufsliste standen Reis, Lauch, Milch, Eier, Mehl, Aprikosen, Erbsen, Dill und Ananas

Wenn du die Wörter etwas vertauschst und aus den Anfangsbuchstaben ein Wort bildest, dann kommt MARMELADE heraus.

Akronyme sind also auch geeignet, um als Codewörter zu fungieren. Anstatt preiszugeben, was du alles einkaufen möchtest, gehst du offiziell nur Marmelade holen. Etwas viel Tamtam für eine simple Einkaufsliste, die du dir mit der Körperliste ruckzuck merken kannst, denkst du jetzt bestimmt. Aber darum geht es hier nicht.

Du sollst vielmehr verstehen, dass die Akronymtechnik im Extremfall lebensrettend sein kann – wie es Beispiele aus dem Alltag von Einsatzkräften zeigen:

Fubar:

> Hierbei handelt es sich um ein Wort aus dem anglo-amerikanischen Sprachraum, mit dem z.B. schlimme Situationen, verheerende Unfälle oder schreckliche Verletzungen beschrieben werden. Es ist ein Akronym für »fucked up beyond all recognition«. Der Notfallsanitäter würde z.B. über Funk Herrn Dr. Fubar anfordern. So weiß die Leitstelle Bescheid und der Patient entspannt.

Oder man lässt den Schatz grüßen, wenn man Verstärkung durch ein Schnelleinsatzteam braucht.

Der absolute Geheimtipp:

Abschließend kommen wir noch zur Konsonantentechnik, einer Methode, die sehr gut geeignet ist, um sehr lange Ziffernfolgen im Gedächtnis zu verankern.

Viele Schüler bevorzugen diese Technik für das Merken von Telefonnummern, IBAN Nummern oder noch längeren Zahlenreihen gegenüber der Baumliste. Bei der Konsonantenmethode werden die Zahlen von 0 – 9, wie es der Name der Technik schon vermuten lässt, in Konsonanten umgewandelt und zwar folgendermaßen:

Ziffer 0: Konsonantenzuordnung Z oder S
Merkhilfe: Die Null gibt es beim Roulette, auch »Zero« genannt. Das Wort wird »Sero« ausgesprochen.

Ziffer 1: Konsonantenzuordnung T oder D
Merkhilfe: Wenn du von einer 1 den nach links unten gehenden Strich nach oben auflegst, dann ergibt sich der Buchstabe T. Dieser klingt im Fränkischen wie ein D.

Ziffer 2: Konsonantenzuordnung N
Merkhilfe: Das kleingeschriebene »n« hat 2 Beine. Wenn du das »N« um 90° nach links kippst, entsteht eine 2.

Ziffer 3: Konsonantenzuordnung M
Merkhilfe: Das kleingeschriebene »m« hat 3 Beine. Wenn du das »M« um 90° nach rechts kippst, entsteht eine 3.

Ziffer 4: Konsonantenzuordnung R
Merkhilfe: Der letzte Buchstabe der geschriebenen oder gesprochenen »vier« ist das R.

Ziffer 5: Konsonantenzuordnung L
Merkhilfe: Die römische Ziffer 50 wird wie ein L geschrieben. Das L ist oben an der geschriebenen 5 zu finden. Von den 5 Fingern ist einer sehr lang und »lang« beginnt mit L.

Ziffer 6: Konsonantenzuordnung SCH oder CH
Merkhilfe: Die 6 ist eine schlechte Note in deutschen Schulen. Schule beginnt mit SCH in der geschriebenen »Sechs« finden wir das CH.

Ziffer 7: Konsonantenzuordnung K, CK oder G
Merkhilfe: Der Siebenjährige Krieg. Das K ist der Anfangsbuchstabe des Wortes Krieg, das G der letzte Buchstabe. Das CK klingt wie ein K.

Ziffer 8: Konsonantenzuordnung F oder V
Merkhilfe: »Vorsicht Falle!« – auch hier nehmen wir die Anfangsbuchstaben der jeweiligen Wörter.

Ziffer 9: Konsonantenzuordnung B oder P
Die 9 ist ein verkehrt herumstehendes »b«. Spiegelverkehrt betrachtet ist die 9 ein P.

Lass uns die Konsonantentechnik noch üben, damit du ihren Wert im Alltag erkennst. Die entsprechenden Konsonanten werden zum Merken von Zahlenreihen so mit Vokalen (Vokale haben hier keine Bedeutung) verbunden, dass sich dadurch Wörter ergeben. Nehmen wir an, du möchtest dir die Zahl Pi mit mehr als den bisher gelernten Stellen merken – nicht weil es sinnvoll ist, sondern einfach nur, weil du es kannst:

3,141592653589793238462...

Jetzt schauen wir uns die ersten drei Ziffern an: 314. Daraus kannst du das Wort »Mutter« bilden, da die 3 für M, die 1 für T und die 4 für R stehen. Wenn zwei Konsonanten nebeneinander stehen, dann wird daraus nur eine Zahl abgeleitet.

Gehen wir die Zahlenfolge von oben einmal durch:

314 – Mutter

1592 – Talbahn

653 – Schelm

58 – Lava

9793 – Backbaum

23 – Name

8462 – Feuerschein

Jetzt kannst du vor deinem geistigen Auge einen großen Kreis sehen (Kreiszahl Pi), in dem eine Mutter (abgeleitet von Schraube und Mutter) liegt, die an einer Talbahn befestigt wird. Mit der Talbahn fährt ein Schelm durch die Lava. In der Lava steht ein Backbaum (ein durch Hitze der Lava gebackener Baum), in dem ein Name eingeritzt ist, der von einem Feuerschein angeleuchtet wird. Jetzt versuche den umgekehrten Weg, indem du dir die Geschichte anschaust und über die Wörter wieder die einzelnen Ziffern erinnerst.

Zahlenwörter der Konsonantentechnik zum Auswendiglernen (z.B. durch Verknüpfen mit der Baumliste)

0 See	11 Tüte	22 Nonne
1 Tee	12 Tanne	23 Name
2 UNO	13 Dom	24 Narr
3 Oma	14 Tor	25 Nil
4 Reh	15 Tal	26 Nische
5 Löwe	16 Tisch	27 Nicki
6 Schuh	17 Theke	28 NIVEA
7 Kuh	18 TÜV	29 Noppe
8 Fee	19 Taube	30 Maus
9 Boa	20 Nase	31 Motte
10 Tasse	21 Note	32 Mohn

33 Mumie	65 Schal	97 Bug
34 Meer	66 Schach	98 BIFI
35 Mehl	67 Scheck	99 Bube
36 Masche	68 Schiff	100 Dessous
37 Mücke	69 Scheibe	
38 Mofa	70 Käse	
39 Mappe	71 Kette	
40 Rose	72 Kino	
41 Rad	73 Kamm	
42 Ruine	74 Karre	
43 RAMA	75 Kohle	
44 Rohr	76 Koch	
45 ARAL	77 Kakao	
46 Rauch	78 Kaffee	
47 Rock	79 Kappe	
48 Riff	80 Fass	
49 Rabe	81 Foto	
50 Lasso	82 Fahne	
51 Latte	83 VIM	
52 Leine	84 Fähre	
53 Lama	85 Feile	
54 Leier	86 Fisch	
55 Lillie	87 Fuge	
56 Loch	88 Fiffi	
57 Locke	89 VIP	
58 Lava	90 Bus	
59 Lupe	91 Bett	
60 Schuss	92 Bahn	
61 Scheide	93 Baum	
62 Schiene	94 Bär	
63 Schaum	95 Ball	
64 Schere	96 Bach	

KAPITEL 20

SPEZIALWISSEN FÜR SCHÜLER

In diesem Kapitel verrate ich dir jetzt noch ein paar allgemeine Geheimtipps, mit denen du deine Leistungsfähigkeit in der Schule deutlich verbessern kannst. Zu einem, indem du dir bestimmte Gewohnheiten, die das Lernen unterstützen, angewöhnst und zum anderen, indem du durch dein Auftreten die Wirkung auf deine Lehrer verbesserst.

Das erste Thema, auf das ich nochmals eingehen möchte, ist das Thema Ernährung. Unabhängig davon, wie alt du bist, gibt es Lebensmittel, die dein Gehirn darin unterstützen, sich den Lernstoff besser zu merken und es gibt Lebensmittel, die dein Gehirn daran hindern.

Ich beginne mit den Lebensmitteln, die du vermeiden solltest, wenn du etwas lernen möchtest oder musst. Dazu gehören Lebensmittel wie:

- Alkohol, also alkoholische Getränke
- zuckerhaltige Getränke
- koffeinhaltige Getränke
- Energie Drinks

Alkohol sorgt dafür, dass deine Synapsen nicht mehr die richtigen Verknüpfungen herstellen können, um den Lernstoff abzuspeichern. Koffein und Zucker geben deinem Gehirn einen Energieschub, der unnatürlich ist und deswegen ist dein Gehirn nicht mehr so richtig kontrollierbar. Mit Zucker meine ich jetzt nicht den Zucker, den du in normalen Lebensmitteln, wie beispielsweise in Obst, vorfindest, sondern der raffinierte Zucker, der zum Beispiel bei Softdrinks hinzugefügt wird.

Außerdem solltest du Lebensmittel wie Weizen oder Fleischprodukte vermeiden, weil beides dazu führt, dass dein Körper ermüdet und mehr Energie für die Verdauung braucht als nötig. Dadurch kannst du die geplante Zeit nicht mehr in diesem Maße fürs Lernen nutzen.

Ein müdes Gehirn lernt schlecht. Deswegen solltest du dich in Zeiten, in denen du besonders viel und effektiv lernst, vegetarisch ernähren und darauf achten, sehr viel Gemüse und Nüsse zu konsumieren. Außerdem empfehle ich dir sämtliche Getränke durch stilles Wasser oder grünen Tee zu ersetzen. Bei grünem Tee achte bitte darauf, dass er Bioqualität hat.

Wenn ich oben erwähnt habe, dass ein müdes Gehirn schlecht lernt, dann bedeutet das natürlich auch, dass der Schlaf wichtig ist. Sorge dafür, dass du beim Lernen ausgeschlafen bist. Solltest du unmittelbar vor einer Lerneinheit müde oder unausgeschlafen sein oder morgens nicht erholt, dann achte auf deinen Schlafrhythmus. Tatsächlich ist das Durchschlafen von sechs bis acht Stunden in der Nacht etwas, was für unseren Körper unnatürlich ist.

Nirgendwo in der Tierwelt wirst du erleben, dass ein Tier die ganze Nacht durchschläft. Wenn du zum Beispiel einen Hund oder eine Katze hast, dann werden sie sich im Laufe des Tages immer mal wieder ausruhen und sind auch nachts jederzeit, wenn irgendein unbekanntes Geräusch kommt, schnell fit und hellwach, um auf eventuelle Gefahren reagieren zu können.

Dieser Wunsch, dass die Menschen acht Stunden in der Nacht durchschlafen, stammt aus der Zeit der industriellen Revolution, als die Fabrikbesitzer die Ärzte gebeten haben, die Arbeiter dazu zu bringen, möglichst 14 Stunden am Tag zu arbeiten. Also haben die Mediziner festgelegt, dass man als gesunder Mensch sechs bis acht Stunden in der Nacht durchschlafen soll.

Das Prinzip der Siesta, welches man in den südlichen Ländern kennt, also ein Mittagsschlaf oder auch ein Powernap entspricht eher den Bedürfnissen unseres Gehirns. Von daher ist es völlig legitim, sich mittags auch noch mal eine halbe Stunde oder zumindest 20 Minuten hinzulegen und die Augen zu schließen. Der englische Premierminister Wilson Churchill schwor auf seinen Mittagsschlaf und hat jeden Tag darauf bestanden, egal, wie anstrengend die politischen Geschäfte waren.

Bei der Wahl der Länge deines Schlafes beachte deine Tiefschlafphasen und deine Traumphasen. Es ist wichtig, dass du nach Möglichkeit, während einer Traumphase, einer sogenannten REM-Phase (Rapid Eye Movement), aufwachst, denn ansonsten bist du wie gerädert und kommst nicht so richtig in die Gänge.

Gelingt es dir, während einer REM-Phase aufzuwachen, dann ist dein Gehirn sofort einsatzbereit. Die REM-Phase dauert gewöhnlich eine halbe Stunde und anschließend beginnt eine Tiefschlaf Phase. Wenn du also ein Nickerchen planst oder überlegst, um wieviel Uhr du aufstehen musst, rechne, dass du entweder 30 Minuten schläfst, 1 1/2 Stunden oder 3 Stunden bzw. 4 1/2, 6 Stunden oder 7 1/2. So gewährleistest du, dass dein Gehirn ausgeruht und gleichzeitig dein Körper einsatzbar ist.

Es gibt auch entsprechende Apps, die anhand deiner Bewegung feststellen, zu welcher Uhrzeit du am besten aufwachen kannst und dich dann dementsprechend wecken. Du kannst dich darüber unter Suchbegriffen wie intelligenter Wecker oder ähnlichem im App Store informieren.

Das sollte erst einmal reichen, um den Schlaf zum Lernen ausreichend zu würdigen und wir kommen nun zum größten Feind des Lernens: Dein Handy!

»Waaaaaaas?« Höre ich dich jetzt laut rufen – »mein Handy soll mein größter Lernfeind sein?«

Ja, das ist leider so. Der größte Feind beim Lernen ist dein Handy. Dein Handy sendet Strahlungen aus, die von deinem Gehirn über die Augen aufgenommen werden. Deine Augen sowie dein Gehirn ermüden. Außerdem ist dein Handy unglaublicher Zeitfresser. Wenn du dich mal auf YouTube, Instagram, TikTok oder sonstigen Plattformen verlierst, dann geht wertvolle Zeit ins Land, in der dein Gehirn weder lernt noch sich erholt.

Jeder, der glaubt, dass man das Handy zur Entspannung benutzen kann, irrt sich, insofern er sich nicht die Übungen aus der Entspannungsecke der Speedlearning School anhört. Jede andere Nutzung des Handys ist für das Gehirn purer Stress.

Wenn du mit deinem Handy arbeiten möchtest, beschränke die Aktivität jeweils auf 20 Minuten und gönne dann deinem Gehirn eine Handypause. Benutze dein Handy niemals, ich betone NIEMALS, nachdem du etwas gelernt hast, denn damit überschreibst du das Gelernte.

Das bedeutet, wenn du nach dem Lernvorgang dein Handy benutzt, kannst du das Lernen auch gleich lassen. Wenn du dir Lernstoff über das Handy aneignest, indem du beispielsweise einen YouTube-Film zu einem geschichtlichen Ereignis oder einen Erklärfilm zu einem Unterrichtsfach anschaust, dann mach nach der Lerneinheit eine Pause, in der du dir selbst oder anderen noch einmal zusammenfasst, worum es in diesem Video ging und was du jetzt gelernt hast. Denn ein Video oder einen Erklärfilm anzuschauen und dann das Wissen nur passiv zu konsumieren, erweckt nur die Illusion von Wissen, aber tatsächlich hast du nichts gelernt. Nur wenn du etwas aktiv erklären kannst, hast du das Wissen tatsächlich angeeignet.

Es gibt noch zahlreiche weitere Aspekte, weshalb es sinnvoll ist, die Nutzung des Handys auf maximal 20 Minuten pro Tag zu begrenzen. Darauf werden wir im Rahmen dieses Buches jedoch nicht eingehen, weil es den Rahmen sprengen wird. Einigen wir uns stattdessen auf Folgendes:

Wenn du bisher beim Lesen dieses Buches festgestellt hast, dass die beschriebenen Techniken dein Lernen erleichtern und du dir den Lernstoff besser merken konntest, dann vertrau einfach auch meiner Aussage an dieser Stelle und reduziere die Handynutzung auf ein absolutes Minimum – am besten auf maximal 20 Minuten pro Tag.

Ein weiterer Aspekt beim Lernen ist die Bewegung. Sport im Sinne von Joggen, Gymnastik oder fünfminütigen Ganzkörper-Workouts unterstützen den Lernprozess enorm.

Und umso mehr Sport du treibst, desto besser wird dein Körper und dein Gehirn durchblutet und desto besser kannst du Lerninhalte abspeichern. Das haben wir zwar im Kapitel zum Thema Sport schon ausreichend behandelt, es lohnt sich trotzdem noch einmal darauf hinzuweisen, weil es einfach so wichtig ist!

Regelmäßige 5-Minuten-Workouts nehmen dir übrigens auch die Angst vor Referaten oder vor dem Sprechen vor Gruppen. Außerdem kannst du die nachfolgenden Tipps beherzigen, wenn du eine Prüfung, ein Referat, einen Vortrag oder tatsächlich dann irgendwann deine mündliche Abschlussprüfung meistern sollst.

Insgesamt gibt es zehn praktische Tipps zum souveränen Auftreten in mündlichen Prüfungen, bei Referaten oder später auch bei Vorträgen und Vorstellungsgesprächen im Business.

Tipp 1: Stehe drei Minuten lang ruhig auf der Stelle

Wenn ein Redner, Prüfling oder Vortragender bereits zu Beginn seines Vortrags oder seiner Prüfung nervös von einem Baum auf das andere tritt, dann signalisiert er oder sie Nervosität und Unsicherheit. Das lässt sich dadurch vermeiden, dass du die ersten drei Minuten tatsächlich einfach nur entspannt und aufrecht mit parallelen Beinen dastehst, während du zu deinen Zuhörern sprichst. So demonstrierst du, dass du einen festen Standpunkt vertrittst und dir dessen, was du sagst, sicher bist.

Mache den Test: Nimm dich auf, während du über dein Hobby erzählst. Bei der ersten Version trippelst du von einem Bein auf das andere oder läufst umher. Bei der zweiten Version bleibst du die drei Minuten auf der Stelle stehen – entspannt und selbstbewusst – und schaust deine Zuhörer – in diesem Fall deine Kamera – direkt an. Vergleiche, wie jede Variante auf dich wirkt.

Tipp 2: Sei standhaft und strahle Selbstvertrauen aus

Stehe aufrecht, ziehe den Bauch rein und präsentiere deine Brust, Körperspannung einsetzen, Kopf hoch, direkter Blickkontakt und schon hast du die Körperhaltung eines selbstbewussten Menschen eingenommen. Du machst dich groß, signalisierst Stärke und strahlst somit aus, dass du weißt, was du tust, und dass das, was du tust, richtig ist. Deine Körperhaltung sollte aufrecht sein, schaue deinem Gegenüber in die Augen, begrüße deine Mitmenschen mit einem kräftigen Händedruck. Wenn du aufgrund sozialer Umgangsformen keinen Händedruck geben möchtest, dann begrüße mit einem kräftigen »Hallo«, »Guten Tag« oder wie auch immer deinen Mitmenschen, mache viele Komplimente, sei dankbar, sitze aufrecht und verhalte dich so, dass es deine Mitmenschen als angenehm empfinden, dich in ihrer Nähe zu haben.

Mache den Test:

Filme dich wieder. Einmal, indem du aufrecht mit geblähter Brust wie oben beschrieben vor der Kamera stehst und einmal mit hängenden Schultern, gesenktem Kopf und den Bauch vorgestreckt. Vergleiche die Wirkung der jeweiligen Körperhaltung.

Anmerkung:

Wenn du auf dein Handy schaust, nimmst du automatisch die zweite, schwächere Körperhaltung ein, weil du deinen Kopf senkst und den Oberkörper beugst. Auch einer der Gründe, weshalb du dein Handy möglichst wenig benutzen solltest.

Tipp 3: Bring Bewegung in die Situation

Nachdem du drei Minuten stabil auf der Stelle gestanden und deinen Vortrag begonnen hast, wird es Zeit, etwas Bewegung in die Situation zu bringen. Jetzt kannst du die Tafel, das Flipchart, die vorbereitete Präsentation oder Experimente einbringen. Durch entspanntes, aber bewusst eingesetzte Schritte nach links und rechts bindest du zudem die Aufmerksamkeit deiner Zuhörer.

Mache den Test:

Halte einen Vortrag von fünf Minuten und bleibe nur auf einer Stelle stehen. Halte anschließend einen weiteren Vortrag, bei dem du nach drei Minuten anfängst, bewusst ein bisschen nach links und rechts zu laufen, ohne dabei den Blick vom Publikum abzuwenden. Nimm beides mit deiner Kamera auf und vergleiche die Wirkung.

Tipp 4: Die richtige äußere Erscheinung

Sorge dafür, dass du durch dein äußeres Erscheinungsbild signalisierst, dass du die Arbeit an der Schule ernst nimmst. So wie deine Eltern jeden Morgen zur Arbeit gehen, ist die Schule dein Arbeitsplatz. Dein Beruf ist Schülerin oder Schüler und das sollte sich auch durch deine Kleidung und durch die Art, wie du dich zurecht machst, zum Ausdruck gebracht werden. Nicht umsonst gibt es an Privatschulen häufig Schuluniformen. Diese dienen nicht nur dem Gefühl der Gemeinschaft, sondern dein Gehirn wird mithilfe der Uniform in den richtigen Bewusstseinszustand gebracht. So, als würdest du beim Fußball ein Trikot oder bei der Arbeit mit gefährlichen Werkzeugen im Garten Handschuhe und Schutzausrüstung, vielleicht eine Brille, Ohrenschützer und ein Gesichtsschutz oder Helm anziehen.

Die richtige Kleidung sorgt dafür, dass du in die richtige mentale Stimmung kommst. Im Grunde ist die Kleidung wie ein Anker und dieser Anker signalisiert dir, dass du jetzt lernst.

In Wiesbaden habe ich schon an einer Privatschule unterrichtet, in der alle Schüler und Lehrer vor dem Betreten der Unterrichtsräume ihre Schuhe ausziehen. Es gibt im Eingangsbereich ein großes Schuhregal, wo jeder seine Schuhe hineinstellt. Das hat nicht nur den Vorteil, dass das Schulgebäude sauberer bleibt, sondern es gibt noch zahlreiche weitere positive Aspekte:

Erstens überlegst du dir morgens beim Anziehen schon, welche Socken du anziehst und mit Sicherheit wirst du dich gegen die Socken mit Löchern entscheiden. Somit sorgst du für angemessene Kleidung.

Zweitens richten sich deine Gedanken in dem Moment, in dem du deine Schuhe ausziehst, auf den Schulunterricht und wenn du sie danach wieder anziehst, bist du gedanklich in der Pause oder im schulfreien Bereich.

Drittens ist das Laufen mit Strümpfen etwas, das die Konzentration erhöht, weil deine Füße den Boden nach potenziell gefährlichen Dingen abtasten und deswegen deine Aufmerksamkeit ähnlich wie beim Barfußlaufen erhöht ist.

Du merkst, es hat also durchaus einen Sinn, sich Gedanken um die Kleidung zu machen. Außerdem signalisierst du mit einer ordentlichen Kleidung, dass du deine Lehrer und deine Mitschüler respektierst. Fleckige oder zerrissene Kleidung, Mundgeruch, unangenehmer Körperduft oder Ähnliches sind ein Ausdruck von fehlender Disziplin und von Gleichgültigkeit.

Niemand hat Interesse daran, sich mit Menschen abzugeben, die undiszipliniert sind und denen das gemeinsame Miteinander gleichgültig ist. Es geht also nicht nur darum, dass du mit der richtigen Kleidung ein anderes Gefühl vermittelst, sondern gleichzeitig bekommst du auch mehr Respekt durch deine Mitmenschen und du bereitest dich schon auf die Geschäftswelt vor.

Wenn du dir zum Beispiel Bilder von Vorständen großer Unternehmen anguckst, wirst du feststellen, dass die meisten von ihnen glattrasiert sind und kaum einer einen Bart trägt. Dass es keine sichtbaren Tattoos oder Piercings gibt, ist selbstredend. Außerdem ist die Kleidung gepflegt und auch die Manieren, das Auftreten, die Umgangsformen sind tadellos. Man spricht ein gutes Deutsch, man schaut seinem Gegenüber in die Augen, respektiert einander und verhält sich so, dass sich alle wohlfühlen. Das bedeutet, man ist weder der Clown noch derjenige, der andere mobbt oder negativ hinter deren Rücken redet.

Es mag dir gefallen oder nicht – die Menschen treffen aufgrund deiner äußeren Erscheinung ihre Meinung über dich. Diese Tatsache kann dir entweder vollkommen egal sein oder du machst sie dir zunutze, indem du den ersten Eindruck gegenüber deinen

Mitmenschen so inszenierst, dass genau das Bild von dir entsteht, welches du haben möchtest. Darin besteht die Kunst.

Mache den Test:
Gehe in die Stadt und beobachte, wie die Menschen auf unterschiedliche Erscheinungsbilder ihrer Mitmenschen reagieren. Frage dich, weshalb sich manche Leute so kleiden wie sie es tun und welchen Zweck sie damit erfüllen, z.B. Polizisten, Anwälte, Ärzte, Feuerwehrmänner, Optiker, Apotheker, Tätowierer, Musiker, Motorradfahrer, usw. Frage dich dann, was deine Lehrer durch ihre Kleidung ausstrahlen und ob sie das wohl beabsichtigen.

Tipp 5: Atme durch den Bauch
Aus dem Biologieunterricht weißt du, dass dein Nervensystem aus dem Sympathikus und dem Parasympathikus besteht. Der Sympathikus ist für alle Stressreaktionen zuständig, wie z.B. eine erhöhte Atemfrequenz und ein erhöhter Herzschlag und der Parasympathikus steuert alle Entspannungskomponenten, wie z.B. die Verdauung oder eben eine ruhigere Atmung.

Wenn du über den Brustkorb atmest, dann stimulierst du den Sympathikus und dein Körper beginnt, sich gestresst zu fühlen – kein guter Zustand für eine Prüfung oder einen Vortrag. Atmest du hingegen durch den Bauch, massierst du deine inneren Organe und stimulierst den Parasympathikus. Dieser Zustand eignet sich außerordentlich gut für anspruchsvolle Lebenssituationen. Denn wenn das Blut im Bauch ist, dann bleibt der Kopf kühl.

Mache den Test:
Fühle deinen Puls und nimm zehn tiefe Atemzüge durch den Bauch. Wenn du alles richtig machst, wird dein Puls gleichbleiben oder sich etwas beruhigen. Nimm dann zehn tiefe Atemzüge über den Brustkorb. Beim Einatmen sollte dein Herz dann etwas

schneller schlagen. Dieses Phänomen nennt man respiratorische Tachykardie.

<u>Übrigens:</u>
Durch den »modernen« Lebensstil leben immer mehr Menschen ständig im Sympathikus. Das ist ein Problem, weil Heilungsprozesse und Regeneration durch den Parasympathikus aktiviert werden. Die Benutzung des Handys führt übrigens auch zur Aktivierung des Sympathikus. Also, Handyzeit reduzieren.

Tipp 6: Sprich laut, klar und deutlich

Eng verbunden mit der Kleidung sind natürlich auch die Körperhaltung, die Stimme und der Ausdruck allgemein. Du solltest immer darauf achten, dass du mit klarer, deutlich verständlicher und hörbarer Stimme sprichst und deinem Gesprächspartner in die Augen schaust. Langsam, also nicht hektisch, sondern deine Worte gut gewählt und ein Verzicht auf jede Art von Blödsinn, solange du etwas lernen möchtest. Spaßhaben ist in Ordnung, Blödsinn ist Nonsens. Und dies hilft nicht beim Lernen. Gewöhne dir ein Deutsch an, das schön und gebildet klingt. Denn deine Wortwahl wird noch eine wichtige Rolle spielen.

<u>Mache den Test:</u>
Filme dich wieder und halte einen kurzen Vortrag, den du mit leiser Stimme, etwas undeutlich und etwas zu schnell hältst. Wiederhole anschließend den Vortrag noch einmal mit bewusst klarer, deutlicher und kräftiger Stimme. Lasse den Unterschied auf dich wirken.

<u>Übrigens:</u>
Du kannst jedes Referat und jeden Vortrag erst einmal mit deinem Handy aufnehmen, damit du selbst beurteilen kannst, wo du noch etwas an der Präsentation verbessern kannst.

Tipp 7: Unterstütze deine Worte durch Gesten

Wohin mit den Händen? Diese Frage stellt sich oft bei Vorträgen und Prüfungen. Die Antwort ist einfach: Nutze deine Hände, um deine Worte zu unterstreichen. Hierbei gilt die goldene Regel der Rhetorik:

Deine Hände sollten niemals unterhalb der Gürtellinie sinken.

Schau dir einmal im Internet Reden und Gruppenfotos von verschiedenen Menschen an und achte darauf, wo sie ihre Hände haben. Bei denjenigen, die ihre Hände grundsätzlich oberhalb der Gürtellinie halten, kannst du davon ausgehen, dass ihre Worte eher gehört und ernst genommen werden als bei den anderen.

Die Hände oberhalb der Gürtellinie zu haben, signalisiert die Fähigkeit, jederzeit etwas anzupacken, aber auch im Ernstfall darauf vorbereitet zu sein, sich zu verteidigen. Wer die Hände oberhalb der Gürtellinie hält, kann sie schnell für verschiedene Zwecke einsetzen. Außerdem bleibt der Oberkörper aufrechter und die Schultern zurück, was sich ebenfalls positiv auf das Gesamtbild auswirkt.

Mache den Test:

Glaube nichts von dem, was in diesem Buch geschrieben steht, ohne es überprüft zu haben. Das gilt auch für diese Information. Filme dich wieder während eines kurzen Vortrags. Bei der ersten Version lässt du deine Hände hängen, bei der zweiten hebst du sie über die Gürtellinie und gestikulierst angemessen zu deinen Worten.

Lasse die unterschiedlichen Versionen auf dich wirken. Beobachte auch, welche Lehrer du als kompetenter und sympathischer beurteilst: Diejenigen, die ihre Hände oberhalb oder unterhalb der Gürtellinie halten, wenn sie unterrichten.

Tipp 8: Sprich die Sprache deiner Zuhörer

Die Sprache seiner Zuhörer (Klassenkameraden, Lehrer, zukünftiger Chef) zu sprechen, bedeutet, sich dem Vokabular anzupassen. Hierzu gehört die Verwendung von Fachbegriffen in naturwissenschaftlichen Fächern genauso wie die korrekte Aussprache von Namen oder Fremdwörtern während eines Referats oder einer Prüfung. Sprich nicht von einem Schlaganfall, sondern nenne diese Erkrankung Apoplex. Das Hundebaby wird zum Welpen und das weiße Pferd zum Schimmel.

Fachbegriffe und Fremdwörter sind dazu da, um komplizierte Umschreibungen zu vermeiden und dadurch direkt auf den Punkt zu kommen. Das vermeidet Missverständnisse und spart jedem Gesprächspartner Zeit.

Mache den Test:

Gehe in einen Baumarkt und frage einen Mitarbeiter, wo man die Teile bekommt, mit denen man, wenn man ein Regal an einer Wand befestigen möchte, die Schrauben in der Mauer festhalten kann. Der Mitarbeiter wird dich freundlich beraten, zu dem jeweiligen Regal führen und dich mitleidig anschauen, weil er befürchtet, dass du dich bei dem Versuch, ein Bücherregal an die Wand zu schrauben, ernsthaft verletzen könntest.

Möglicherweise wird er deswegen auch noch zahlreiche weitere Fragen stellen, um herauszufinden, ob du wirklich weißt, was du da tust (z.B. um welche Art von Regal handelt es sich, aus welchem Material besteht die Wand, welche Bormaschine verwendest du, welche Schraubenlänge usw. Beantworte alle Fragen einfach mit »Das weiß ich nicht.« und er wird dich nie wieder nach Hause lassen).

Du kannst das Gespräch noch dadurch toppen, indem du Blickkontakt vermeidest, die Hände unterhalb der Gürtellinie hältst und die Schultern hängen lässt.

Frage dann einen anderen Mitarbeiter, wo du Dübel findest. Er wird dich als kompetent ansehen und fragen, welche Größe du brauchst. Dann antwortest du »5er«. Ende des Gesprächs.

Tipp 9: Habe einen guten Riecher für dein Publikum
Mit einem guten Riecher ist gemeint, dass du weißt, was dein Publikum möchte. Stelle also immer den Vorteil und Nutzen des Zuhörers in den Vordergrund deines Vortrags oder Referats, wenn du über ein bestimmtes Thema sprichst.

Hierzu kannst du den Vortrag beginnen mit einem Satz wie: »Heute werdet ihr erfahren, wie ihr in Zukunft in der Schule noch bessere Noten schreiben könnt«, wenn dein Vortrag über Lerntechniken handelt. Oder bei einem Referat über Napoleon: »Nach meinem Vortrag werdet ihr verstehen, wie es möglich war, dass Napoleon so mächtig werden konnte und ihr werdet daraus einige Rückschlüsse auf euer eigenes Leben ziehen können.«

Im Rahmen einer mündlichen Prüfung richte den Fokus auf das, was die Lehrer oder Prüfer hören wollen und bei einem Vorstellungsgespräch solltest du den Vorteil, den eine Anstellung deiner Person für das Unternehmen bringt, in den Vordergrund stellen (»Ihr Unternehmen profitiert von meinen Sprachkenntnissen dahingehend, dass zukünftig auch Kunden ohne Englischkenntnisse kompetent in deren Muttersprache beraten werden können«).

Ganz wichtig wird die Frage nach dem Vorteil und Nutzen für deinen Gesprächspartner bei Gesprächen mit Investoren, wenn du deine eigene Firma gründen möchtest. Doch dazu mehr an der Speedlearning School.

Übrigens gehören auch Komplimente und versteckte Kommunikation zu diesem Punkt. »Danke, dass ihr mir beim Aufräumen helft«, »Soll ich dich am Freitag oder am Samstag zum Eis einladen?«, »Bevor Sie meine Arbeit gleich mit einer Eins benoten, möchte ich noch kurz erwähnen, dass ...« usw.

<u>Mache den Test:</u>
Gehe mit einem Freund oder einer Freundin zu einer Eisdiele. Kurz bevor ihr an der Reihe seid, fragt dich deine Begleitung: »Sag mal, weshalb gehst du so gerne in diese Eisdiele?« Darauf antwortest du für den Eisverkäufer laut hörbar: »Weil es hier die größten Eiskugeln in der ganzen Gegend gibt!« Achte auf die Größe der Eiskugeln, die ihr bekommen werdet. Auf diese Weise haben meine Söhne schon sehr große Eiskugeln bekommen.

Tipp 10: Halte die Rede frei
Schau dir einmal Reden von Politikern im Internet an und vergleiche sie mit den Reden von Stand-Up Comedians. Dabei wird dir auffallen, dass die meisten Politiker vom Blatt ablesen, dabei auch ihren Kopf senken müssen und daher den Kontakt zum Publikum verlieren bzw. wenig souverän wirken. Merke dir die Inhalte deiner Rede mithilfe der Körper-, Baum oder Lociliste. Du hast in diesem Buch alle Hilfsmittel gelernt, die notwendig sind, um die Rede stichwortartig im Kopf zu haben. So wirst du nie wieder vom Blatt ablesen müssen. Halte zur Sicherheit trotzdem ein paar Notizen bereit, nur für den Fall, dass irgendetwas passiert, dass dich aus dem Konzept bringt. So wirst du ganz schnell den Faden wieder finden.

<u>Mache den Test:</u>
Schau dir im Internet Reden berühmter Persönlichkeiten an und vergleiche, ob sie ablesen oder die Rede frei vortragen. Achte auf die Wirkung der jeweiligen Rede.

Diese Tipps mögen jetzt so klingen, als wäre dieses Buch ein Benimmratgeber aus dem 18. Jahrhundert, aber denke daran, dass man anhand deines Verhaltens erkennt, wie deine Erziehung war und alles, was du in der Schule schon zur Gewohnheit machst, wird dir später im Berufsleben helfen oder schaden.

Du hast zu jederzeit die Möglichkeit, dir auszusuchen, ob du zu den Menschen gehören möchtest, mit denen man gerne zusammen ist und mit denen man sich wohlfühlt oder ob du zu den Menschen gehören möchtest, die man eher vermeidet.

Ebenso kannst du die Kunst der Rhetorik nutzen, um deine Ziele zu erreichen (z.B. eine gute Note im Referat, eine Arbeitsstelle oder die Zusage eines Investors) oder du kannst es lassen. Es ist immer besser, die Wahl zu haben. Wenn du deine Ziele nicht erreichst, dann wird ein anderer seine erreichen – und die sind dann vielleicht zu deinem Nachteil.

KAPITEL 21

GEHEIMES KAPITEL FÜR LEHRER

Achtung dieses Kapitel ist nur für Lehrer!
Falls Sie ein Elternteil sind, überspringen Sie dieses Kapitel, ansonsten werden Sie möglicherweise die Unterrichtsmethoden der Lehrer Ihrer Schüler sehr kritisch hinterfragen. Falls du ein Schüler bist, überspringe dieses Kapitel ebenfalls, ansonsten hat dein Lehrer keine Chance, dich mit seinem Unterricht zu beeindrucken. Wenn Sie ein Lehrer sind, dann lesen Sie sich dieses Kapitel durch und setzen Sie die darin beschriebenen Techniken in der Unterrichtspraxis um. Sollte eine Technik dabei sein, von der Sie überzeugt sind, dass sie nicht funktioniert, wenden Sie sie so lange an, bis sie funktioniert und entscheiden Sie sich danach, ob Sie diese Methode weiter anwenden möchten oder nicht.

Nun liebe Lehrer,

zunächst erstmal ein ernstes Wort an Sie. Sie verdienen meinen absoluten Respekt, weil Sie einen der beiden wichtigsten Berufe in unserem Land ausüben. Erzieher und Lehrer sind aus meiner Sicht die verantwortungsvollsten Berufe, die es gibt, weil sie für die Erziehung und Ausbildung unserer Kinder verantwortlich sind. Ich danke Ihnen, dass Sie sich für diesen Beruf entschieden haben und ich danke Ihnen, dass Sie jeden Tag mit großer Motivation, Innovation und Vorbildfunktion diesen Beruf ausüben.

Ich danke auch dafür, dass Sie jeden Tag Ihr Bestes geben, um charismatische Vorbilder zu sein, welche die Fächer, die sie unterrichten, lieben, für die Inhalte der Themen brennen und somit auch die Begeisterung bei den Schülern entfachen. Ich bedanke mich bei Ihnen dafür, dass Sie für Ihre Schüler die Extrameile gehen, um ihnen zu zeigen, dass ein guter Lehrer immer nur dann ein guter Lehrer sein kann, wenn er auch ein exzellenter Schüler ist - und das meine ich vollkommen ernst.

Jeder Lehrer, der sich jetzt zu 100 Prozent angesprochen fühlt, braucht dieses Kapitel eigentlich nicht zu lesen oder vielleicht doch, weil noch die eine oder andere Inspiration hinzukommt. Jeder Lehrer, der sich nun veräppelt vorkommt oder einen Hauch von Ironie oder Sarkasmus in diesem eben beschriebenen Sätzen vermutet, der irrt. Denn tatsächlich gilt mein größter Respekt außergewöhnlichen Lehrkräften. Lehrerinnen und Lehrer, die Schülerinnen und Schüler inspirieren, sie in ihrer Individualität wahrnehmen und als oberstes Ziel haben, Schülern zu erklären, wie man mit großer Begeisterung und Passion Fächer des täglichen Lehrplans lernt.

Mit diesem Kapitel möchte ich Ihnen ein paar Ideen mit an die Hand geben, die es Ihnen erleichtern, das Wissen, welches Sie voller Überzeugung und mit hoher fachlicher Kompetenz und Emotionalität euren Schülern vermitteln wollen, schneller und nachhaltiger in den Synapsen der Schüler zu verankern.

Schauen wir uns zunächst den Unterrichtsaufbau an. Vermutlich gehören Sie zu den Lehrern, die an einer Schule unterrichten, in der man 45-minütige Unterrichtseinheiten hat.

Nun ist es so, dass das Gehirn Ihrer Schüler und Schülerinnen allerdings den ersten Spam Filter einsetzt. Also empfehle ich Ihnen, 15 Minuten Vollgas beim Unterricht zu geben mit emotionalen Bildern, mit lebendiger Unterrichtsgestaltung und mit viel Input.

Nach einer Viertelstunde machen Sie eine fünfminütige Pause, in der jeder Schüler seinem Sitznachbarn oder seiner Nachbarin kurz erklären soll, was gerade in der ersten Viertelstunde unterrichtet wurde. Anschließend erfolgt ein kurzes Feedback von zwei, drei Schülern und Schülerinnen und weiter geht es mit 15 Minuten Vollgas. Emotionaler Unterricht, logische Erklärungen, alltagsnahe Beispiele.

Um nach weiteren 15 Minuten den Schülern wieder eine fünfminütige Pause zu geben, damit sie sich selbst und anderen erklären können, was jetzt gerade in der zweiten Viertelstunde gemacht wurde. Anschließend sollen die Schüler zusammenfassen, jeder für sich selbst auf einem Blatt Papier, was in dem Unterricht gemacht wurde, und zwar in der ersten und in der zweiten Viertelstunde.

Lassen Sie sie anschließend überlegen, in welchen anderen Fächern dieses Wissen auch von Nutzen sein kann. Also Geometrie mit Geografie, Geschichte mit Fremdsprachen und ähnliches. Diese zusammenfasenden Blätter sollten am Ende des Unterrichts eingesammelt werden, damit der Lehrer einen Überblick hat, inwieweit die Schüler das Thema verstanden haben.

Die Schüler, die bei der Zusammenfassung fehlerhafte oder unvollständige Erklärungen abgegeben haben, geben Ihnen ein realistisches Feedback, damit Sie abschätzen können, mit welchem Thema Sie in der nächsten Unterrichtsstunde nochmal zur Wiederholung beginnen solltet.

Sollte Ihr Unterrichtsfach in der zweiten, dritten, vierten, fünften oder sonstigen Stunde sein, bitten Sie die Schüler am Ende der Stunde auch nochmal zusammenzufassen, was in der aktuellen und in den vorherigen Unterrichtsstunden behandelt wurde, sodass die Erinnerung an die vorherigen Stunden des Tages ebenfalls im Gedächtnis bleiben.

Denken Sie immer daran, dass Ihre Schüler genauso wie Sie ein Gehirn haben, das großartig im Vergessen ist. Also wiederholen Sie den Lernstoff nach 20 Minuten auf die eben beschriebene Weise, dann in der nächsten fachspezifischen Stunde mit einer kurzen Zusammenfassung und dann nach einer Woche usw.

Mithilfe der digitalen Medien können Sie sogar eine Art Newsletter Programm verwenden und so den Unterrichtsstoff nochmal bei Ihren Schülern aktivieren oder gleichzeitig über Schul-WhatsApp Nachrichten oder andere Medien das Wissen noch einmal in Erinnerung rufen. Sorgen Sie auch immer dafür, dass eine Verknüpfung zu anderen Unterrichtsfächern stattfindet, damit die Schüler fachübergreifend denken lernen.

Um das Bild abzurunden, sollten Sie als Lehrkraft anhand Ihrer Kleidung signalisieren, dass Sie der Lehrer sind und nicht ein Elternteil, ein Besucher oder ein Handwerker. Die Schüler sollten anhand Ihrer Kleidung sehen, dass Sie gerade am Unterrichten sind und falls sie Sie mal privat auf der Straße treffen, erkennen sie jetzt eindeutig, dass Sie nun privat unterwegs sind.

So werden Sie Ihren Schülerinnen und Schülern vorleben, dass Sie den Unterricht auch durch Ihr Outfit als etwas Besonderes betrachten. Das schafft die Grundlage dafür, dass es auch die Schüler können.

Es ist selbstredend, dass Sie Ihre Klasse mit Respekt behandeln sollten, , sofern Sie ebenfalls Respekt von ihr erwarten. Seien Sie aber zudem eine charismatische Persönlichkeit und ein Vorbild in jeder Hinsicht, sowohl in Bezug auf die Ernährung, das Rauchen, den Konsum von Alkohol, die Benutzung von digitalen Medien, den Umweltschutz also auch beim Lernen.

Zeigen Sie den Schülern, wie Sie selbst Dinge lernen, z.b. nach einer Bundestagswahl die Namen der neuen Ministerinnen und Minister samt Ministerien. Praktizieren Sie, was Sie predigen und Ihre Schüler können aus der Praxis lernen.

Auch den Lebensstil, den Sie pflegen, sollte den Schülern ein Vorbild sein, also Ihre Ausdrucksweise, Ihre Körperpflege, die Art, wie Sie Menschen respektvoll behandeln und die Art, wie Sie mit Konflikten umgehen. Sorgen Sie dafür, dass Ihre Stimme und Ihre Körperhaltung charismatisch ist und besuchen Sie gegebenenfalls Fortbildungen zu diesem Thema, beispielsweise bei Dr. Claudia Enkelmann oder ähnlichen professionellen Trainern im deutschsprachigen Raum.

Sollten Sie in die Situation kommen, dass Sie fachfremd unterrichten müssen, dann nutzen Sie Ihre Expertise aus anderen Fächern, um Überkreuzungen, Überschneidungen mit den verschiedenen Unterrichtsthemen dazustellen. Angenommen, Sie sind regulärer Englischlehrer und müssen fachfremd Mathematik unterrichten, dann unterrichten Sie jeweils die letzten zehn Minuten des Matheunterrichtes auf Englisch.

Bringen Sie Ihren Schülern außerdem bei, wie man richtig lernt, nutzen Sie die Beispiele der Speedlearning School und die Beispiele aus diesem Buch, um den Schülern optimal zu helfen. Bilden Sie sich selbst in dem Bereich Gedächtnistraining und gehirngerechtes Lernen sowie im Bereich positiver Kommunikation, um nicht zu sagen hypnotischer Kommunikation, ebenfalls weiter. Mit Letzterem ist gemeint, dass Sie sich immer darüber im Klaren sein sollten, dass Ihre Worte bei den Schülern im Gehirn zu einer Vorstellung führen.

Wenn Sie beispielsweise sagen, dass ein Schüler nicht abschreiben soll, dann entsteht ein Bild vom Abschreiben. Wenn Sie »Seid nicht so laut« sagen, dann entsteht ein Bild von »laut sein«, da das Gehirn kein Bild für Negationen kennt. Wenn Sie hingegen darauf hinweisen, dass es in einer bestimmten Ecke des Unterrichtsraums schon sehr ruhig ist und die Schüler dort konzentriert arbeiten, dann entsteht das Bild von Ruhe und konzentriertem Arbeiten.

Loben Sie Ihre Schüler auch, wo immer möglich, und sorgen Sie dafür, dass mindestens jeder Schüler einmal vor der versammelten Klasse eine positive Belobigung bekommt. Wenn Sie einen Schüler maßregeln müssen, weil sein Verhalten inakzeptabel ist, tuen Sie das niemals vor der gesamten Klasse, sondern immer nur im Vier-Augen-Gespräch. Sie werden im Zweifelsfall immer verlieren, wenn Sie einen einzelnen Schüler aus dem Rudel in der Klasse vorne anstellen und vor der Klasse bloßstellen.

Abgesehen davon, sollten Sie sich zu jeder Zeit über die Macht, über die Sie verfügen, im Klaren sein. Sie sind eine Autorität, die bei einem Schüler traumatische Erfahrungen hinterlassen kann. Gleichzeitig sind Sie aber auch eine Autorität, die bei einem Schüler die Weichen einer großartigen Zukunft stellen kann.

Daher zum Schluss noch zwei Fragen:

1. Woran denken Sie, wenn Sie an Ihre Schulzeit zurückdenken, und welche Lehrer sind Ihnen noch besonders im Gedächtnis?

2. Woran sollen Ihre Schüler denken, wenn sie in 25 Jahren an ihre Schulzeit zurückdenken und wie möchten Sie in deren Erinnerung bleiben?

In diesem Sinne wünsche ich Ihnen für die nächsten Unterrichtsjahre unendliche viele merk-würdige Ideen und magische Momente mit Ihren Schülerinnen und Schülern.

Herzlich Ihr
Sven Frank

P.S. Als Dank dafür, dass Sie mit dem Umsetzen der Techniken aus diesem Buch Ihren Unterricht so gestalten, dass es unsere Kinder in der Schule und im Leben zukünftig leichter haben werden, möchte ich Ihnen etwas schenken:

> Sie bekommen als Lehrerin oder Lehrer ein Jahr kostenlosen Zugang zur Speedlearning School.

Bitte schreiben Sie mir hierzu eine E-Mail an info@speedlearning.school und bitten Sie um einen kostenlosen Account mit dem Stichwort »Körperliste«.

KAPITEL 22

GEHEIMES KAPITEL FÜR ELTERN

Liebe Eltern,

Kinder kann man so viel erziehen, wie man möchte, sie werden am Ende so wie ihre Eltern. Das ist die gute und gleichzeitig die schlechte Nachricht, die ich in diesem Kapitel mit Ihnen teilen möchte.

Die gute Nachricht ist es insofern, weil Sie davon ausgehen können, dass Ihre Kinder alles Gute, was Sie selbst in sich tragen, auch selbst weitergeben werden und genauso erfolgreich, liebevoll, gesund und intelligent wie Sie sein werden.

Die schlechte Nachricht ist aber auch, dass Ihre Kinder sämtliche Angewohnheiten, die Ihnen selbst ein Leben lang im Weg standen und noch stehen, die Sie an sich selbst nicht leiden können, oder die Ihnen schon so manches Problem bereitet haben, ebenfalls kopieren werden. Aus diesem Grund sind Sie, liebe Eltern, bei allem, was in diesem Buch an Techniken, Tipps, Ratschlägen und Möglichkeiten aufgezeigt wird, immer noch der wichtigste Einflussfaktor, den Ihre Kinder haben.

Gerade während der Corona-Pandemie und in den Zeiten des Homeschoolings war dies deutlicher spürbar als jemals zuvor. Ein Lehrer ist immer nur so gut wie die Eltern, die ihm vertrauen. Deswegen bitte ich Sie an dieser Stelle, als erstes den Lehrern Ihrer

Kinder grundsätzlich positiv zu begegnen und ihnen bei allem, was sie tun, beste Absichten zu unterstellen.

Gleichzeitig ist es aber wichtig, dass Ihr Kind bei Ihnen zuhause immer einen sicheren Ort findet. Egal, was Ihr Kind getan oder nicht getan hat, egal was es vielleicht angestellt oder ausgefressen hat und egal von wem es nach Hause gebracht wird, selbst, wenn es die Polizei ist oder ein aufgebrachter anderer Elternteil. Bei Ihnen zuhause sollte Ihr Kind immer in Sicherheit sein. Schützen Sie Ihr Kind nach außen vor allen negativen Einflüssen und klären Sie auf eine angemessene und liebevolle Art und Weise mit Ihren Kindern, welches Problem außerhalb der Familie entstanden ist.

Ich weiß, dass wir in modernen Zeiten leben, gleichzeitig weiß ich aber auch, dass jedes fünfte Kind von Kinderarmut betroffen ist, dass viel zu viele Kinder von häuslicher Gewalt betroffen sind und leider muss ich wohl annehmen, dass Sie als Elternteil, der dieses Buch hier liest, zu der Gruppe der Eltern gehört, deren Kinder weder unter häuslicher Gewalt leiden noch von Kinderarmut betroffen sind, denn allein die Tatsache, dass Sie dieses Buch lesen, zeigt ja schon, dass Sie sich gute Gedanken machen und ein Interesse am Wohl Ihres Kindes haben.

Dennoch bitte ich Sie, auch bei anderen Kindern aufmerksam zu sein und darauf zu achten, wo Sie den anderen Kindern mit dem, was in diesem Buch vorgetragen wurde, etwas Gutes tun können, damit Kinder, die in einer Art Familienbann oder in einem hässlichen Familienerbe festhängen, weil sie in dritter Generation in einem Hartz-IV-Haushalt leben müssen oder weil sie die Frustration ihrer Eltern durch körperliche Gewalt erleben oder Schlimmeres.

Bitte tragen Sie dazu bei, diesen Kindern zu helfen, diesen Bann zu durchbrechen und ein Leben zu führen, dass frei von solchen traumatischen Erlebnissen ist. Ich persönlich versuche mit meinem Team der Speedlearning School, Schülern auf der ganzen Welt eine Möglichkeit zu geben, ein Leben zu führen, das ein klein wenig besser ist als das, welches sie bisher gehabt haben. Nicht alle Eltern haben die Kraft und Stärke, diese Aufgabe der Kindeserziehung angemessen anzunehmen.

Ein Kind zu bekommen ist für Männer sehr leicht. Für Frauen stehen zunächst neun Monaten Schwangerschaft an, dann eine anstrengende und schmerzhafte Geburt, gefolgt von einem Jahr voller Schlafentzug und psychischen Belastungen. Da möchte jede Mutter, dass aus dem Kind etwas wird.

Ein Kind zu erziehen, gehört zu den anspruchsvollsten Tätigkeiten, die es auf der Welt gibt und schon sehr viele kluge Menschen haben sich den Kopf darüber zerbrochen, wie das am besten gelingen kann.

Ich habe sehr großen Respekt vor allen Menschen, die jeden Tag mit einem Lächeln aufstehen und sich darauf freuen, ihren Kindern etwas Neues beizubringen und gleichzeitig ihnen die Möglichkeit zu geben, sich in ihrer kleinen Persönlichkeit entsprechend zu entfalten, Stärken zu stärken und Schwächen zu kompensieren, ohne irgendwelchen übersteigerten Ansprüchen der Eltern gerecht werden zu müssen.

Liebe Eltern, als Vater von zwei wundervollen Söhnen möchte ich, dass Sie verstehen, dass wir bei allem, was wir tun, Vorbilder für unsere Kinder sind. Bei der Art, wie wir lernen, bei der Art, wie wir mit unserer Zeit umgehen, bei der Art, wie wir uns ernähren und körperlich fit halten, bei der Art, wie wir mit Informationen unterschiedlichen Wahrheitsgehalten umgehen, bei der Art, wie wir Dinge und Menschen be- und verurteilen, bei der Art, wie wir Einfluss nehmen auf die Gesellschaft und die Welt, bei der Art, wie wir unseren Fußabdruck auf diesem kleinen Planeten hinterlassen und bei der Art, wie wir mit Geschichte umgehen.

Ich erinnere mich noch gut daran, als vor kurzem mein älterer Sohn zu mir meinte: »Am Mittwoch schreibe ich Geschichte« und ich habe zu ihm gesagt habe: »Ich bin so froh, dass du noch Visionen hast.« Wir haben beide herzhaft gelacht, aber darum geht es. Wenn Ihre Kinder das Träumen und die Fantasie verlieren, dann verliert unsere Welt ein enormes Entwicklungspotenzial.

Es braucht innovative junge Menschen mit Visionen, mit Träumen und mit großartigen Ideen, und es ist unsere Aufgabe als Eltern, sie darin zu bestärken, dass jede Idee, sei sie auch noch so verrückt, es wert ist, verfolgt zu werden.

Alles ist einen Versuch wert und jedes Kind hat eine Chance verdient, das Leben zu führen, was es gerne führen möchte. Dies sollte sich selbstverständlich im Rahmen dessen, was für eine Gesellschaft gesund ist, abspielen.

Ich finde, ein guter Leitsatz ist der kategorische Imperativ von Immanuel Kant, der besagt, dass man immer nach derjenigen Maxime leben sollte, von der man wollen kann, dass sie allgemeines Gesetz wird. Das bedeutet, wenn sich alle Menschen so verhalten würden wie wir, wäre das dann gut? Wenn wir diese Antwort mit ja beantworten, dann ist es richtig, dass wir weiter so handeln. Und wenn wir diese Frage mit einem vielleicht oder nein beantworten, dann sollten wir etwas ändern.

Liebe Eltern, auch Sie sollten Ihren Kindern zeigen, dass Sie noch Schüler sind. Wenn Sie finanzielle Probleme haben, lernen Sie, diese Probleme zu lösen. Wenn Sie krank sind, lernen Sie, gesund zu werden. Sollten Sie ängstlich oder depressiv sind, lernen Sie, mutig und zuversichtlich zu sein. Wenn Sie egoistisch und aggressiv sind, ist es wichtig, dass Sie lernen, emphatisch und sanftmütig zu sein. Für den Fall, dass Sie süchtig und abhängig sind, lernen Sie, unabhängig und frei zu sein. Und wenn Sie verzweifelt und hoffnungslos sind, dann lernen Sie, wieder zu glauben.

Erklären Sie Ihren Kindern Dinge, die sie in der Schule nicht lernen. Leben Sie ihnen Dankbarkeit vor und führen Sie Familienrituale ein, bei denen jeder abends vor dem zu Bett gehen sagt, für was er dankbar ist an diesem Tag, was er Schönes erlebt hat und was ihm nicht so gut gefallen hat.

Unterhalten Sie sich als Familie über Wünsche, die Sie gemeinsam haben, über Ziele, Ihre *Big Five for Life*, die großen fünf Dinge, die Sie als Familie gemeinsam erleben wollen. Zeigen Sie Ihren Kindern, wie sie unabhängig leben können, wie sie ihr eigenes Geld verdienen und wie sie mit diesem Geld hausaushalten können.

Bringen Sie Ihren Kindern Entspannungsübungen bei, zeigen Sie Ihren Kindern, wie man eine harmonische Beziehung führt und falls Sie selbst das Gefühl hatten, bislang in der Beziehungskiste noch kein Glücksgriff erzielt zu haben, dann bringen Sie Ihre Kinder mit Menschen in Kontakt, die das offensichtlich besser hinbekommen haben.

Suchen Sie als Mutter für Ihre Tochter fünf weibliche Mentorinnen, die für Ihre Tochter da sind, wann immer sie das Bedürfnis hat, einmal von jemanden einen Rat zu bekommen, der nicht ihre Mutter ist. Damit Ihre Tochter versteht, was es bedeutet weiblich zu sein, Frau zu sein in Bezug auf Familie, Beruf, Ehe, Partnerschaft, Karriere und die Gesellschaft.

Suchen Sie als Vater für Ihren Sohn eine Gruppe mit fünf Mentoren, die ebenfalls da sind und Ihrem Sohn zur Seite stehen können, damit Ihr Sohn erlebt, was es bedeutet, Mann zu sein in Bezug auf Familie, Beruf, Karriere, Gesellschaft, Ehe, Partnerschaft und das Leben.

»Um ein Kind zu erziehen, braucht man ein ganzes Dorf«, lautet ein Sprichwort. Sie können einen Beitrag leisten, dass andere Kinder von dem, was Sie können und wissen, profitieren und Ihr Kind kann von anderen Eltern und anderen Erwachsenen profitieren. Denken Sie immer daran, Kinder flüchten sich in die virtuelle Welt aus Mangel an Alternativen in der Realität.

Wenn Sie Ihrem Kind attraktive Alternativen bieten, wird es nicht an der Playstation sitzen, nicht im Internet rumhängen und es wird auch nicht den ganzen Tag chatten oder ständig am Handy sitzen. Das macht Ihr Kind, weil es keine attraktive Alternative geboten bekommt. Dies ist eine schmerzhafte Wahrheit, der sich alle Eltern stellen müssen. Wenn Sie das Gefühl haben, dass Ihr Kind zu viel in der virtuellen Welt lebt, dann gibt es zwei Dinge, die Sie wissen sollten.

Erstens: Ihr Kind wird deshalb nicht blöder und weniger erfolgreich als andere. Die Bedenken, die wir momentan hinsichtlich des Internets haben, hatten unsere Eltern in Bezug auf Fernseher und deren Eltern mit Bedenken an Büchern. Aber wenn es Ihnen gelingt, attraktive Alternativen anzubieten, sodass Ihre Kinder das Handy oder Internetaktivitäten gar nicht einfordern, weil das reale Leben so viel realer und spannender ist, dann haben Sie wirklich Großartiges geleistet und genau dann sind Sie auf dem richtigen Weg - dem besten Weg, den Sie gehen können.

In meiner kleinen Welt gibt es kein ADS. ADS steht für mich für »Abenteuer Defizit Syndrom«. Und natürlich kann ich leicht reden, weil ich weiß, dass es selbstverständlich Erkrankungen, Symptome und Kinder gibt, die einfach sehr schlechte Startvoraussetzungen im Leben mitgebracht haben. Jedoch weisen immer mehr Kinder stressbedingte Symptome auf. Hinzu kommen Diagnosen wie beispielsweise Aufmerksamkeits-Defizit-Syndrome sowie Ängste und

Depressionen. Auch die Zahl der suizidgefährdeten Kinder nimmt stetig zu.

Wenn ich mir zum Beispiel eine Statistik anschaue, die zeigt, dass sich im Jahr 2020 mehr Menschen im Alter bis 19 Jahren durch Selbstmord das Leben genommen haben als Menschen im Alter bis 60 an Covid-19 gestorben sind, dann finde ich diese Statistik bedenklich. Unsere Jugend ist das Wichtigste, was wir in unserer Zukunft investieren können.

Bitte, liebe Eltern, lesen Sie dieses Buch mehrfach, besprechen Sie die darin vorgestellten Techniken mit Ihren Kindern und lassen Sie Ihre Kinder entscheiden, welche Techniken sie ausprobieren möchten und bei welchen Techniken sie Ihre Unterstützung möchten.

Bieten Sie Ihrem Kind Eltern und ein Elternhaus voller attraktiver Alternativen zur virtuellen Welt, einen Ort der Liebe, des vollkommen Schutzes, der absoluten Sicherheit und der Möglichkeit, Grenzen und Erfahrungen auszutesten, Träume zu leben und Bedürfnisse zu kommunizieren, ein Ort der Dankbarkeit, der Wertschätzung und des Respekts.

Schenken Sie ein Exemplar dieses Buches anderen Eltern, den Lehrern Ihrer Kinder, der örtlichen Kindertagesstätte. Man kann gar nicht früh genug mit dem Vermitteln von Lernen mit Spaß beginnen.

Falls ich Ihnen in irgendeiner Form mit diesem Buch helfen konnte, sodass Ihr Familienleben morgen ein kleines bisschen besser ist als es heute war, und übermorgen noch ein weiteres bisschen besser ist, als es morgen sein wird, dann ist es das Beste, was dieses Buch bewirken konnte.

Ich wünsche Ihnen und Ihrem Kind für die Zukunft alles Gute und freue mich auch sehr gerne über jede Art von Feedback zu diesem Buch. In diesem Sinne, von Elternteil zu Elternteil, von Herzen alles Gute.

Ihr Sven Frank

P.S. Als Dank dafür, dass Sie mit dem Kauf und Weiterverschenken dieses Buches dazu beitragen, dass es unsere Kinder in der Schule und im Leben zukünftig leichter haben werden, möchte ich Ihnen etwas schenken:

Sie bekommen als Leserin oder Leser dieses Buches ein Jahr kostenlosen Zugang zur Speedlearning School.

Bitte schreiben Sie mir hierzu eine E-Mail an info@speedlearning.school und bitten Sie um einen kostenlosen Account mit dem Stichwort »Baumliste«

REGISTER

275